Andrea
Briefe aus dem Himmel

KARSTEN
KEHR

Andrea
Briefe aus dem Himmel

EINE MUTTER NIMMT ABSCHIED VON IHREN KINDERN

Eden BOOKS

Inhalt

»Wo muss ich die Leiter hinstellen, um dich zurückzuholen?«

Der Moment des Abschieds ist gekommen. Ein beklommener Moment. Andrea hasst Abschiede. Und diesmal ist es ein Abschied für immer. Wir stehen uns am Valentinstag 2017 im schmalen Flur ihrer Wohnung in Röcken gegenüber. Nur spärlich dringen Sonnenstrahlen von draußen in den dunklen, ziegelrot gestrichenen Flur, in dem verstreut die Schuhe von Andreas kleinen Töchtern Nele und Mia liegen. Neben der Garderobe mit den Anoraks stehen der Schulranzen von Nele und die Kindergartentasche von Mia.

Ein vertrautes Gespräch geht nach zwei Stunden zu Ende. Und zu Ende gehen damit vierzehn Monate, die wir uns nun persönlich kennen. Der Journalist und die Totkranke. Wir schauen uns in die Augen. Eigentlich würde man jetzt »Auf Wiedersehen!« sagen oder »Tschüss!« oder auch »Bis zum nächsten Mal! Bleib gesund.« Doch jetzt und hier ist alles anders. Die Zeit friert für Sekunden ein. Nie mehr werde ich diese schlanke junge Mama, die lässig an der Flurwand lehnt, wiedersehen. Wie so häufig trägt sie ihr Halstuch mit den Schmetterlingen. Ausgerechnet der Schmetterling, habe ich einmal philosophiert, der frei sein kann und so unschuldig ist wie schön. Nie mehr, schießt es mir durch den Kopf, werde ich mit ihr in der gemütlichen Küche sitzen und beobachten, wie sie ihre Hände um die wärmende Tasse Tee schließt, während wir stundenlang reden – über sie, über ihre Krankheit, über ihre Ideen, über ihre Töchter, über Gott und die Welt.

An der Wand im Flur hängt ein liebevoll gemaltes Bild. Andrea hat es sich ausgedacht. Es zeigt die farbigen Fußabdrücke von ihr und Nele und Mia, es gleicht einer glücklichen und friedlichen Hasenfamilie, die immer zusammensteht, was auch kommen mag. »Die übergroße Hasenmama mit angeborenem Beschützerinstinkt, daneben die unschuldigen Hasenkinder, ganz eng an ihre Beschützerin gekuschelt. Welches Bild beschreibt uns besser?«, hat Andrea es einmal kommentiert.

Die Farben glitzern, so bunt wie das Leben in all seinen Facetten. Ein Regenbogen. Auf dem Bild steht: »Endless Love«. Andrea und Nele und Mia: eine endlose Liebe, die nie vergehen wird, was immer auch passiert.

»Weißt du, was Nele vorhin zu mir gesagt hat? Sie bat mich: ›Mami, nimm bitte ganz viele T-Shirts mit hinauf in den Himmel und wirf sie mir dann herunter. Denn dann weiß ich, dass du gut angekommen bist. Und ich weiß, wo ich die Leiter hinstellen muss, um dich zurückzuholen.‹«

Ein Satz, wie gemacht für eine Schlagzeile. Emphatisch und emotional. Andrea spricht viele solcher Sätze. Sie weiß: Ich bin Reporter. Einer, der beobachtet und fragt und aufschreibt. Doch längst spielt der Beruf keine Rolle mehr. Egal, ob Reporter oder Heilerziehungspflegerin – wenn die letzten Tage angebrochen sind, wird all das zur Nebensache. Andrea redet frei von der Leber weg, ohne Vorbehalte, ohne Schere im Kopf. Ohne sich zu fragen: Um Gotteswillen, was habe ich jetzt bloß gesagt? Und ich behalte mehr im Hinterkopf, als in mein rotes, quadratisches Büchlein passt. Da ist auch dieses gewachsene Vertrauen, das uns seit über einem Jahr verbindet. Ich bin nicht mehr nur der neugierige Journalist, sondern inzwischen ein guter Freund, ein Vertrauter, der zum »Schnattern« kommt, wie sie es immer salopp nennt, wenn wir uns treffen und reden.

»Ich werde mich umhören«, verspreche ich und breche das Schweigen. Sie hat mich zuvor noch einmal eindringlich gebeten, öffentlich nach weiteren Krebs-Spezialisten zu fahnden. Kliniken zu finden, die ihr noch eine Chance auf Weiterleben, auf ein bisschen Zeit geben können. Es geht ihr um Aufschub. Als sie mich darum bat, blitzten ihre Augen hellwach auf. Ein Aufflackern ihrer letzten Lebensenergie, die längst auf Sparflamme läuft. Damit es noch reicht für das Allernötigste.

Ich gebe ein Versprechen, das ich aber nicht werde halten können.

»Klasse, darüber freue ich mich! Abgemacht!«, sagt Andrea zufrieden. Als ginge es um eine Alltagsfrage, die wir besprochen und gemeinsam abgehakt hätten. Als könnten wir etwas ändern, was längst nicht mehr zu ändern ist.

»Es ist wieder lang geworden heute«, sage ich. »Jetzt kannst du dich ausruhen!«

»Ausruhen?«, erwidert sie und verzieht das Gesicht. »Ausruhen kann ich noch lang genug! Meine Uhr ist eingeschlafen.«

Wir umarmen uns zum Abschied. Sie gibt mir ihre Hand, ein zarter Händedruck. Ihr fehlt einfach die Kraft.

Ich schlucke und will schnell die Situation beenden, ehe mir die Tränen kommen. Ich drehe mich weg, eile die dreizehn steilen Stufen hinunter. Andrea folgt mir zwei Schritte und bleibt dann stehen. An der Haustür hebe ich kurz die rechte Hand zu einem letzten Gruß. Andrea winkt zurück. Sie ruft leise: »Bis bald!« Und: »Mach's gut!«

Ich antworte knapp und verlegen: »Tschüss!« Und füge noch hinzu: »Du hörst von mir! Auf jeden Fall! Bis bald!«

Dann atme ich die kalte Februarluft ein und genieße kurz die Wintersonne, die schon beginnt zu wärmen. An der Hofeinfahrt blühen Schneeglöckchen. Der Frühling, merke ich, kann nicht mehr weit sein.

In meiner Fototasche ertaste ich die selbstgebrannte DVD. Mit Andreas Abschiedsvideo, vorgesehen für ihre Trauerfeier. Andrea hatte sie mir vorhin in der Küche noch zugesteckt.

»Alles muss fertig sein, ehe ich nicht mehr da bin.«

Ein ruhiger Morgen im März 2016. Meine journalistische Routinearbeit beginnt wie jeden Tag mit der Suche nach Geschichten, die anders sind: kurios, tragisch, aufregend, mit oder ohne Happy End. Die für eine bundesweite Leserschaft taugen. Und die aus meiner Region kommen – aus Thüringen, Sachsen oder Sachsen-Anhalt.

Jahrzehntelang als Boulevardreporter unterwegs zu sein hinterlässt jedoch seltsame Spuren. Nach Berichten über langweilige Vereinsfeste, Jubelkommentaren zu endlich schlaglochbefreiten Straßen und einem Porträt über einen ehemaligen, fünfundsechzigjährigen Kommunalpolitiker greife ich schließlich zu einem Trick auf Facebook, der mir in letzter Not schon oft weiterhalf. In die Suchleiste gebe ich ein: »Hilfe für ...«. Und siehe da: »Hilfe für Familie Bendrick« erscheint. Betroffen wie angezogen lese ich weiter: Die junge Mutter Andrea aus Röcken in Sachsen-Anhalt ist schwer an Krebs erkrankt. Für sie gibt es keine Heilung mehr, die Schulmedizin ist an ihre Grenzen gestoßen, die Ärzte haben ihre Genesung ausgeschlossen.

»Ich ertappe mich, wie beherrscht ich trotz allem bin«, sagt Andrea, als wir uns später treffen.

Sie wolle ein Haus ausbauen für die ganze Familie und suche dafür Unterstützung. Eine Mammutaufgabe, ein finanzielles und logistisches Fass ohne Boden. Hilfe für die gründliche Sanierung eines ehemaligen Bauernhofes, für das Einrichten von Bad, Wohnzimmer, Schlafzimmer, Küche und zwei Kinderzimmern. Damit alle an einem Ort, unter einem Dach zusammenleben können: die kleinen Töchter Nele und Mia, der Onkel der Kinder, die Großeltern. Planen für den Ernstfall, wenn Andrea ihre Familie für immer verlassen muss. Andreas Töchter sollen sich weiter gut aufgehoben fühlen, in den Armen ihrer Familie.

Mehr als achthundert Unterstützer gehören der Seite inzwischen an – eine stattliche Zahl an Helfern. Ich weiß sofort: Das ist die richtige Geschichte für mich! Schon oft in der Vergangenheit konnte ich dank der Zeitschriften, für die ich als freier Journalist arbeite, tatsächlich helfen.

Ich klicke auf den Button »Nachricht senden« und schreibe ein paar kurze Zeilen, meinen Namen, für wen ich arbeite, meine konkrete Bitte.

Eine Antwort folgt prompt vom Administrator der Hilfe-Seite. Er ist Andreas Cousin. Von ihm erfahre ich auch ihre Handynummer. Andreas Stimme klingt hocherfreut, hell und aufgeregt. Sie antwortet auf meine Bitte um einen

Termin: »Ich freue mich riesig! Wir brauchen ja noch jede Menge Hilfe, jede Hand, jeden Cent, jede Idee, jeden Einfall. Vor einem knappen Monat erst, an Ostern, sind wir hier in Röcken eingezogen, eher notdürftig, auf eine offene Baustelle. Das hat mich für den Moment erst einmal beruhigt. Endlich ein Dach über dem Kopf an dem Ort, wo wir alle harmonisch miteinander auskommen wollen. Was wir uns alle wünschen. Denn diese erste Etappe wollte ich unbedingt schaffen, sie auf jeden Fall noch erleben. Meinen kleinen Prinzessinnen Nele und Mia eine Heimat geben, ein wohliges Nest für ihre Zukunft bauen, indem sie behütet erwachsen werden können, ohne Not. Ich weiß ja nicht, wie lange mein Körper die Strapazen noch erträgt. Alles muss fertig sein, ehe ich nicht mehr da bin.«

Der letzte Satz sitzt. Er frisst sich unter die Haut. Bei diesem Gespräch sagt sie ihn zum ersten Mal. Später wird ihn Andrea häufig wiederholen, in verschiedenen Zusammenhängen. Geradezu vor sich herbeten wie ein Mantra. Vielleicht, um damit genau das Gegenteil zu erreichen. Denn Andrea will bleiben. So aktiv sein, wie es ihr Zustand ermöglicht. Und vor allem darüber hinaus. Über ihren Tod hinaus. Sie wollte noch nicht gehen, so jung, in der Blüte ihres Lebens. Was sind denn dreißig Jahre! Mit der Verantwortung für zwei kleine Töchter, die sie abgöttisch liebt und die wiederum an ihrer Mama hängen, wie zwei Knospen an einer Blüte, und sie nicht gehen lassen wollen. Natürlich nicht.

»Hoffen wir, dass es mir zu unserem Termin gut geht und wir uns länger unterhalten können«, wünscht sie sich.

»Du ahnst ja sicherlich, der verdammte Krebs, der ist unberechenbar und macht oft einen Strich durch die Rechnung. Jede Planung wird über den Haufen geworfen, es gibt keine Alltagsroutine mehr. Denn manchmal kann ich nicht aufstehen, kann mich nicht mehr bewegen, muss im Bett bleiben, weil mich die Schmerzen quälen. Mein ganzer Körper brennt, als sei er mit Benzin übergossen und angezündet.« Andrea berichtet das völlig unaufgeregt. Es ist ihr Alltag. Seit Monaten kennt sie es nicht mehr anders.

»Aber jetzt steht ja der Frühling vor der Tür. Wenn draußen die Vögel munter zwitschern und die Knospen knallen, haben wir doch alle bessere Laune. Eine gefühlte Verschnaufpause für trübe Tage.«

Unsere erste Verabredung steht – für den 14. April 2016, um 15.30 Uhr, Kaffeezeit. Ich bin gespannt und neugierig. Und bereits nach dem ersten Telefonat beschleicht mich ein Gefühl sonderbarer Vertrautheit. Ich bin mir sicher, hier steckt mehr dahinter als eine gewöhnliche Schicksalsgeschichte.

Andrea hingegen, die alle Möglichkeiten nutzt, um Hilfe zu erhalten, denkt nach unserem ersten Gespräch: Ich lasse ihn mal kommen. Mal sehen, was er erreichen kann. Mit der Presse muss man vorsichtig sein. Vielleicht gehört er auch zu denen, die mehr versprechen, als sie letztlich halten.

Ihre Gedanken vertraut sie mir aber erst viel später an.

»Krebs kündigt sich nicht an. Er kommt wie ein ungebetener Gast.«

Der 14. April 2016 ist ein grau-trüber Donnerstag. Nur ab und zu blitzt die Sonne durch die tiefliegenden Wolken. Ich fahre pünktlich mit meinem schwarzen VW Käfer aus dem Leipziger Südwesten los. Bis Röcken in Sachsen-Anhalt sind es zwanzig Autominuten. Ein kurzes Stück Autobahn, dann auf der Landstraße einmal links abbiegen.

Tatsächlich – da steht »Röcken« auf einem Wegweiser. Nie zuvor hatte ich von diesem kleinen Ort im südlichen Sachsen-Anhalt gehört. Nur wenige Meter nach dem Ortseingangsschild ist die »Friedrich-Nietzsche-Gedenkstätte« ausgeschildert. Nietzsche, der große Philosoph, er wurde in Röcken geboren und liegt hier auch begraben. Ich erinnere mich an Fragmente aus meinem Studium: Er bekämpfte den Pessimismus und war Verfechter einer lebensbejahenden Grundeinstellung. Lebensbejahend, denke ich, wie passend. Mir fällt ein alter Nietzsche-Spruch ein: »An Unheilbaren soll man nicht Arzt sein wollen.« Lieber nicht mehr helfen, wo man nicht mehr helfen kann? Aufgeben als einzige Alternative? Nietzsche, Röcken, Andrea. Ein Zeichen, ein Zufall?

Ich suche verzweifelt Andreas Adresse. Zwei Mal fahre ich daran vorbei, ohne sie zu entdecken. Es fehlt die Hausnummer. Schließlich finde ich einen kleinen Parkplatz vor einer Gaststätte, die seit langem geschlossen ist. Die Fenster sind mit Pappe verklebt, das vergilbte blauweiße Parkschild »Nur für Gäste« an der steinernen Außenwand wirkt absurd. Ich steige aus und hänge mir meine schwarze Fototasche um. Darin meine Kamera, mehrere Objektive, Notizblock und Stift. Mein Reporterbesteck.

Bis zur Hofeinfahrt von Andrea sind es keine hundert Meter. Es beginnt zu nieseln. Ich laufe schneller. Meine Tasche über der linken Schulter ist schwer, pendelt und schwenkt aus beim Gehen. Die Hofeinfahrt zu Andrea zieht sich, ein holpriger, unebener Weg. Die Kieselsteine unter meinen Schuhen knirschen. Schließlich sehe ich den alten Bauernhof. Andreas Vater Tilo hat ihn vor Jahren gekauft. Aus roten Backsteinen und mit spitzem Dach erbaut, ein mächtiges Gebäude. Die Vorderwand, der Giebel, sticht ins Auge – frisch hergerichtet und mit hellem Putz. Ein Foto davon habe ich auf der Hilfe-für-Familie-Bendrick-Seite gesehen. Autos nahezu aller Marken überschwemmen den Hof, eine Blechkarawane, so weit das Auge reicht. Von siebziger Oldie-Baujahren bis heute. Andreas jüngerer Bruder

Matthias besitzt hier eine Autowerkstatt. Sie liegt Andreas Wohngebäude direkt gegenüber. Ich gehe deshalb nach links zur nagelneuen weißen Eingangstür. Sie ist unterteilt in sechs Glasscheiben und wirkt wie ein implantierter Fremdkörper mitten im uralten Gestein. Ich klingele und warte. Es dauert eine Weile, und als ich gerade überlege, noch einmal den namenlosen Klingelknopf zu drücken, höre ich Geräusche hinter der Tür. Jemand kommt eine knarrende Holztreppe hinab. Langsam, sehr langsam. Die Tür öffnet sich und Andrea steht vor mir.

»Hallo Andrea, ich bin Karsten Kehr«, stelle ich mich vor. Sie nickt, lächelt zurück und sagt knapp: »Komm bitte rein! Wir gehen nach oben, da haben wir es gemütlich!«

Wir steigen dreizehn Stufen hinauf zu ihrer Wohnung. Ich folge ihr, mein Blick streift gerahmte Familienfotos, die im schmalen Aufgang hängen.

Andrea trägt blaue Hauspantoffeln, eine rote Jeans, einen schwarzen Pullover. Ihre Haare sind kurz, ein frisch nachgewachsener zarter Flaum. Die Folgen der Chemotherapie, vermute ich. Das Laufen fällt ihr schwer, oben angekommen ist sie außer Atem. Sie nimmt sich dennoch zusammen, lehnt sich kurz an, schnauft tief durch und weist auf den Eingang zur Küche. »Die Küche ist der Mittelpunkt unserer Familie. Da können wir ungestört reden.« In den anderen Zimmern entlang des Flurs ist es lauter, denn Nele und Mia, ihre kleinen Töchter, sind zuhause.

Andrea macht für mich Kaffee, für sich Tee. »Mit Milch und Zucker?«, fragt sie.

»Ohne alles«, sage ich.

Es riecht frisch tapeziert. Durch die neuen Fenster überblickt man den weiten, geräumigen Hof. Alles wirkt nichtig und klein von hier oben, wie eine friedliche Spielzeugwelt. Ich schaue Andrea zu, einer jungen Frau, hager, drahtig, mit wachen blauen Augen, die jeden Handgriff bedächtig ausführt. Sie ist gezeichnet von ihrem dunklen Schatten, ihrer schweren Erkrankung.

»Wie bist du denn auf uns und unsere Situation gekommen?«, will sie noch einmal wissen und dreht ihren Kopf in meine Richtung. Das Wasser wird schnell heiß und brodelt. Sie übergießt ihren Teebeutel, es duftet nach Minze.

»Über eure Facebook-Seite«, antworte ich. »Ihr braucht doch Hilfe auf eurer Baustelle. Und vielleicht kann ich das durch meine Arbeit unterstützen. Öffentlichkeit hilft. Je mehr Menschen von dir erfahren, umso mehr sind in der Lage, dir zu helfen. Die beste Absicht verpufft, wenn sie keiner kennt. Wie ich es schon am Telefon sagte.«

Andrea gießt heißes Wasser in meine Kaffeetasse. Nun riecht es in der Küche nach einer Mischung aus Minze und Kaffee.

Wir sitzen uns am neuen stämmigen Küchentisch gegenüber, Andrea auf einem robusten Stuhl aus Holz, mit einer Maserung, die Jahresringen ähneln. Sie beobachtet, wie ich meinen Notizblock aufschlage und mit meiner rechten Hand die Seiten glattstreiche.

»Wie alt bist du jetzt, Andrea?«, beginne ich nüchtern zu fragen.

»Ich bin dreißig«, antwortet sie und wiederholt es zischend: »Dreißig! Dreißig Jahre!«

Sie macht eine kleine Pause. Dann sagt sie: »Ich weiß, für viele Frauen ist dreißig ein prekäres Alter. Die unbeschwerte Jugend, die Leichtigkeit des Seins, scheint vorüber. Für mich ist das okay. Drei Jahrzehnte sind doch eine lange Zeit. Wie viele Menschen werden im Zeitraum von dreißig Jahren geboren und wie viele sterben? Und wie viele müssen vor ihrer Zeit gehen? Wenn auch nicht jeder mit einer klaren Ansage wie bei mir.«

Sie wendet sich kurz ab, um mich danach wieder fest anzuschauen. »Am 21. Mai werde ich einunddreißig Jahre. In gut einem Monat. Für andere huscht das schnell vorüber, sie reden dann davon, mit flinken Schritten auf die Vierzig zuzugehen, ab sofort nur noch Ü-30-Partys besuchen zu können und sehen das als Alarmzeichen. Eine Freundin meinte mal: ›Weißt du, Andrea, bis zum dreißigsten Lebensjahr bauen dich deine kleinen Männchen im Körper auf und danach fällt der Startschuss für den langsamen Abbau. Sie legen den Schalter einfach um.‹ Das empfand ich damals als Witz. Es gibt Menschen, die merken nicht, wenn ihr Abbau beginnt. Ich habe nie meine ersten grauen Haare gezählt oder neue Falten unter einer Extraschicht Make-up versteckt. Ich gehöre zu jenen, denen ihr wahres Alter egal ist. Unser Körper ist eine Hülle, mehr nicht.«

Und nach einer nachdenklichen Pause: »Für mich hingegen bedeutet ein Monat eine unendlich lange Zeit. Meinen Geburtstag, und wenn es nur noch dieser eine sein sollte, den möchte ich unbedingt erleben.«

Mit diesem Hinweis lenkt Andrea das Gespräch selbst auf ihre schwere Krebs-Erkrankung, die inzwischen unheilbar und durch Chemotherapien höchstens noch zu lindern ist.

Ihr Leidensweg begann im sonnigen August 2013. »Zuvor hatte ich starke Kopf- und Halsschmerzen, fühlte mich antriebslos, niedergeschlagen, schlapp und abgespannt. Meine jüngste Tochter Mia war erst im Mai geboren worden. Auch während der Schwangerschaft fühlte ich Ungereimtheiten. Das wollte ich mir nicht eingestehen. Schwangere denken nicht an sich selbst, sie handeln nur für das ungeborene Leben. Meine eigene Gesundheit stand hintenan.«

Sie denkt kurz nach. »Weißt du, der Krebs kündigt sich nicht an. Er kommt auf leisen Sohlen. Wie ein ungebetener, aufdringlicher Gast, der auf einmal an deinem Tisch sitzt und trotz Aufforderung nicht mehr gehen will. Von diesem Moment an bist du nicht mehr allein. Die Krankheit hat sich dazugesellt und du musst verdammt aufpassen, dass sie nicht dein Leben bestimmt – wie eine lästige Sucht, der du irgendwann nicht mehr Herr wirst.«

Sie beschreibt ihre damalige Situation: »Meine Nele – sie ist sechs Jahre älter als ihre Schwester – kam gerade in die Schule. Ich sehe sie noch voller Stolz mit ihrer Zuckertüte, umringt von ihren Freundinnen, die sie aus dem Kindergarten kannte, auf dem Schulhof stehen. Also viel Freude, Trubel und Ablenkung um mich herum. Genau in dieser Phase mitten im August nach ausgiebigen Untersuchungen im Krankenhaus Weißenfels fiel meine Diagnose, die mich umwarf: Nasen-Rachen-Krebs. Auch mein mehrmaliges, erstauntes, ungläubiges Nachfragen änderte an dieser Diagnose nichts. Ich wollte es nicht wahrhaben. Dieses beklemmende Gefühl der Hilflosigkeit in diesem Moment, wenn die Worte des Arztes nur noch verzerrt ankommen – das werde ich niemals vergessen! Man möchte sich am liebsten die Ohren zuhalten, sich in den Arm zwicken, um aufzuwachen, damit der Albtraum endet. Doch er endet nicht, er nimmt erst seinen Anfang.«

Andrea schaut nach unten und umfasst ihre Tasse fester, während sie den Teebeutel in das heiße Wasser tunkt. Trotz und Verbitterung sprechen aus ihren Worten. Sie verzieht ihr Gesicht für eine Sekunde. Als würde sie sich ekeln vor sich selbst und dem gerade Gesagten. Der »Nasen-Rachen-Krebs« geht ihr dennoch leicht und leise über die Lippen. Als spreche sie über eine lästige Erkältung, die vergessen und verschleppt wurde. Die eben zäh ist und nicht so leicht wieder verschwindet. Die aber wieder vergeht, weil alle Krankheiten in diesem jungen Alter vergehen, meistens von allein. Sie verschwinden so schnell, wie sie gekommen sind. Jedem ist das klar, weil doch ein Organismus in den besten Jahren alles abwehrt. »Vielleicht reagierte ich ein bisschen naiv«, gibt sie heute zu.

Dann redet Andrea von einem Tumor. Als sei das eine unbedeutende Fußnote unseres Gesprächs. »Eine Geschwulst, nicht größer als mein Daumennagel, bösartig, in Nähe meines Kleinhirns«, erklärt sie. »Deshalb leider nicht operabel. Ein Herankommen war unmöglich. Meine Überlebenschance stand schlecht. Sie ging gegen Null. Die vielleicht einfachste Hilfsoption, eine Operation, fiel aus. Ich weiß, ich bin ein Pechvogel. Manchen stehen selbst in den aussichtslosesten Momenten das Glück und der Zufall zur

Seite. Um mich haben beide einen großen Bogen gemacht. Das war schon immer so. Leider. Angst, Ohnmacht, das Gefühl des Alleinseins machten sich breit. Das war ich von meinem Leben davor nicht gewöhnt.«

Ausgerechnet jetzt wird es plötzlich laut. Mia steht in der Tür. Sie heult und schreit. Ein niedliches, quirliges Mädchen. »Nele hat mich geärgert«, stammelt sie und verzieht ihren Mund. »Und auch noch in den Arm geboxt!«

Andrea verstummt und blendet von einer Sekunde auf die andere die Geschichte ihrer Krankheit aus. Sie wird zur liebenden Übermutter, die alles um sich herum vergisst, außer dem Kind. »Nicht so schlimm, meine liebste Kleine«, sagt sie, während sie sich zu ihrer Tochter beugt. Schon rutscht Mia auf Andreas Schoß. Sie wird gestreichelt und liebkost, findet schnell Ruhe. Andrea küsst sie zärtlich auf die Stirn, auf die Wangen. Mia schaut ihr ins Gesicht und erwidert den Kuss ihrer Mama. Mit ihrer kleinen Hand fährt sie über Andreas ausgedünnte Augenbrauen.

»Alles ist gut!«, flüstert Andrea. Ich spüre, wie beruhigend ihre Worte wirken. Sie gehört zu den Mamas, die solche Situationen schnell regeln können, ausgleichend sind, Ruhe verordnen.

»Wenn ein Topf kurz vorm Überkochen ist, musst du ihn zügig von der Herdplatte holen. Keine Scheu haben, auch wenn man sich mal die Finger verbrennt. Das ist doch bei der Kindererziehung nicht anders?!«

Plötzlich betritt Nele die Küche, drückt sich an den Türrahmen, schämt sich ein bisschen. »Ich habe Mia nicht geboxt!«, verteidigt sie sich.

Mia wird für einen kurzen Moment lauter, ihrer Schwester wegen, beruhigt sich aber schnell. Der kleine Streit ist ruckzuck vergessen. »Das sind halt typische Schwestern«, sagt Andrea entschuldigend, während mich Nele mustert und mir, dem Fremden, ein keckes »Hallo« zuwirft.

»Wann musst du zum Tanztraining?«, wechselt Andrea geschickt das Thema.

»Erst in einer Stunde, Opa fährt mich«, antwortet Nele und wiegt sich hin und her. Sie sieht anders aus als Mia. Keine Schwestern, die sich gleichen wie ein Ei dem anderen. Nele ist hochgeschossen, schmal, sportlich. Mit hellwachen Augen, die jede kleine Veränderung um sie herum erfassen und sofort auswerten. Sie besitzt Charisma. Unglaublich für eine Neunjährige, die mir überhaupt nicht wie ein neunjähriges Mädchen vorkommt.

Meinen Eindruck bestätigt mir Andrea wenig später – Nele ist längst wieder in ihrem Zimmer verschwunden –, als sie eine besondere Episode berichtet: »Nele spricht immer aus, was wir oft als Tabu ansehen. Uns Erwachsenen fehlt häufig der Mut, unangenehme Dinge unverblümt beim Namen zu nennen. Dabei darf man die Krankheit nicht verdrängen, man muss darüber sprechen, man muss das Unaussprechliche beim Namen nennen. Man muss sein Herz öffnen.

Ich erinnere mich genau, als ich im Februar 2014 von den abschließenden Untersuchungen an der Universitätsklinik Leipzig zurückkehrte. Die Ärzte hatten nach mehreren Chemotherapien, die eigentlich helfen sollten, meinen Krebs zu bekämpfen, neue Metastasen in meiner Lunge gefunden. Sie zerlegten mich quasi in Scheibchen, schoben mich durch

Röhren und Apparate. Mein Krebs hatte erneut gestreut, ein riesiger Rückschlag. All die mühseligen, strapaziösen Behandlungen, das Gift der Chemos in meinem Körper, meine Kraft und mein Durchhaltevermögen, alles schien umsonst. Damals schüttelten die Ärzte den Kopf und waren am Ende ihrer Möglichkeiten und Fähigkeiten. Sie gaben mich auf. Als Lebenserwartung schätzten sie ein Jahr, vielleicht ein paar Monate mehr, eher ein paar Monate weniger. Das gaben sie mir mit auf den Weg.

Ich fragte mich damals voller Beklemmungen: Ein einziges Jahr noch? Das ist nur ein Frühling, ein summender Sommer, ein Herbst mit bunten Blättern und ein Winter, in dem sich meine Spur im Schnee verlieren wird. Gefühlt habe ich diese Jahreszeiten hundert Mal erlebt. Sie sind an mir vorübergegangen, ohne dass ich jeden einzelnen Tag und seine zauberhaften Veränderungen zelebriert und gewürdigt hätte.«

Ich frage: »Wird es jetzt intensiver, wenn man es nur einmal noch vor Augen hat?«

Andrea blickt mir in die Augen. Sie möchte diese Frage nicht beantworten.

»Völlig schockiert, niedergeschlagen, mit verweinten Augen und ohne Hoffnung kam ich nach Hause. Natürlich ließ ich mir nichts anmerken. Nicht vor den Kindern. Oder versuchte es zumindest, denn ich zitterte am ganzen Körper wie Espenlaub.

Und da kam Nele. Sie schaute mich eindringlich an und stellte dann entsetzlich ehrlich fest: ›Mama, die haben dir mitgeteilt, dass sie dir nicht mehr helfen können, stimmt's?‹ Nele konnte sich schon immer in andere Menschen hineinversetzen. Sie kann das besser als manch Großer.«

Wir machen eine Pause nach dem letzten Satz. Andrea ist sehr beherrscht, sie hält ihre Tränen zurück, sie ringt um Fassung. Ich schaue betreten auf den Küchentisch, auf meine Notizen. Dann nimmt sie mit starker Stimme den Faden wieder auf: »Wie verhält man sich in einem solchen Moment? Gnadenlos die Wahrheit offenbaren und damit dem eigenen Kind die letzte Hoffnung nehmen? Zur Gewissheit werden lassen, was Kinder nie für gewiss halten wollen, nämlich die eigene Mutter zu verlieren, für alle Zeit? Oder lieber schamlos lügen und alles irgendwie verdrängen? Dabei dem alten Sprichwort vertrauen: Das Leben geht doch irgendwie weiter, auch nach meinem Tod?«

Sie hält inne und knüpft mit der Frage an: »Wie würdest du dich entscheiden?«

Eine Antwort überfordert mich. Andrea musste damals eine Entscheidung in Sekunden treffen. Denn Nele ist klug. Sie ist Klassenbeste. Sie spürt das Eigenartige an einem Menschen. Ein kleines Mädchen, sensibel und voller Empathie.

»Lügen haben bei ihr besonders kurze Beine. Nele hätte mich glatt durchschaut. Sie hätte mit mir geschimpft wie eine Lehrerin mit ihrer ungehorsamen Schülerin. Denn Nele möchte später Lehrerin werden. Das ist ihr großer Traum. Ein Traum, den ich ihr vererbe.«

Andrea wirkt stolz, stolz auf ihre intelligente Tochter. »Ich habe meine Nele damals zur Seite genommen, sie fest gedrückt und innig umarmt. In ihrem Zimmer haben wir gesessen, im Schneidersitz auf ihrem Bett und gemeinsam geschwiegen. Wie zwei Statuen, in festen Stein gehauen, verschmolzen miteinander, nicht zu trennen in jenem Moment. Sie zog ein Papiertuch aus ihrer Hosentasche, wischte meine Tränen weg, tröstete mich mehr als ich sie. Seinerzeit habe ich meinen übermächtigen Einfluss als Mutter aufgegeben. Die gestrenge Erwachsene verabschiedete sich auf alle Zeit. Nele und ich, wir wurden beste Freundinnen. Uns einte die Verzweiflung.

Andrea war damals aufrichtig zu ihrer Tochter. »›Ja, Nele, deine Mami muss sterben‹, habe ich gesagt. ›Auch wenn jeder Mensch irgendwann sterben muss, mich wird es vor meiner Zeit treffen. Der Krebs ist daran schuld. Er wird nicht zu zähmen sein. Wie eine tausendfach überlegene Armee steht er vor meiner Festung. Dieses Heer ist nicht zu schlagen. Meine Verteidigung ist schwach, das weiß ich. Ich bin ihm unterlegen. Und einen Waffenstillstand wird es nicht geben. Der Krebs ist böse, unsagbar böse. Die Ärzte haben bisher Waffen zur Verteidigung meiner Gesundheit zur Verfügung gestellt. Die Chemotherapien und so. Sie haben nicht gezündet. Jetzt ist deine Mami auf sich allein gestellt. Auf ihren Kampfeswillen und sie hofft auf ein bisschen Glück. Also verbringen wir diese letzte Zeit gemeinsam, ziehen als Verbündete in die aussichtslose Schlacht und halten fest zusammen. Wir rücken näher und bauen uns einen Schutzpanzer. Hoffen wir, dass er lange standhalten kann. Deine Mami hat keine Angst, wovor solltest du also welche haben? Auch eine Familie mit einer kranken Mami ist immer noch eine Familie!‹«

Seit diesem denkwürdigen Tag weiß Nele um den Gesundheitszustand ihrer Mutter. Sie kennt die schonungslose Wahrheit.

»Krankheiten verändern den Menschen«, fährt Andrea fort. »Egal, ob Erwachsene oder Kinder. Ich habe im Krankenhaus schwerkranke Kinder erlebt. Sie hatten ihr herrlich frisches Lachen gegen eine schockierende Ernsthaftigkeit ausgetauscht, sie hatten es verlernt. Sie sprachen Sätze, die ein Kind sonst nie spricht. Du begegnetest ihren zerfurchten Blicken und ihren blassen Gesichtern auf dem Krankenhausflur, wenn sie ganz nah bei dir standen, daneben der rollende, zwei Köpfe größere Tropf, aus denen die giftige Chemo-Flüssigkeit in ihre Venen gespült wurde. Diese Krankheit machte sie ernst. Sie verloren ihre unbeschwerte Kindheit, sie gaben ihre Unbekümmertheit aus der Hand. Aus ihnen wurden im Handumdrehen kleine Erwachsene. Als seien sie in eine Zeitmaschine geraten, die ihre sorglosesten Jahre überspringen kann. Die Gesichter dieser Kinder wirkten wie starrer Wachs. Die blanke Angst hatte sich bei ihnen eingenistet.«

Ich stimme Andrea zu. Ähnliche Erfahrungen habe ich während meiner Arbeit gesammelt. Auf den Stationen der Kinderkrebskliniken sah ich gezeichnete Gesichter von Mädchen und Jungen, die ihre Kindheit einfach ausblendeten. Ihre Krankheiten ließen sie reifer werden und die Sorge um ihre Gesundheit streute ewige Narben auf ihren Seelen.

»Meine Kindheit hat mir der Krebs nicht genommen. Da war die Welt noch in Ordnung«, sagt Andrea. »Aber verändert habe ich mich schon. Ich bin gelassener und ausgeglichener geworden, wie ich es bislang nur von meinen Eltern kannte. Nur Glück hinterlässt keine Narben.«

Andrea freut sich über ihren letzten Satz und fährt dann fort: »Heute habe ich viele seelische Narben, klar. Dafür sorgt schon der Krebs. Aber Narben beweisen nicht, dass man Schwäche gezeigt hat. Sondern nur, dass uns keiner kaputt bekommt.«

Andrea ist eine zähe Kämpferin, die mitbestimmen möchte. »Heute lassen mir die Ärzte viel Freiraum, es gibt keinen Krankenhaus-Zwang mehr.«

Was das heißt, will ich wissen.

»Ganz einfach: Geht es mir schlecht, kann ich selbst entscheiden, was am besten zu tun ist. Gehe ich ins Krankenhaus oder stehe ich die schlechten Tage, wenn ich in einer schwarzen Wolke hänge, zuhause durch und warte auf bessere Zeiten?«

Andrea gehört zu den Menschen, die immer weitermachen. Obwohl sie eigentlich nicht mehr können, obwohl sie ausgelaugt sind. Mach eine Pause, aber bitte kämpfe anschließend weiter, möchte ich Andrea am liebsten zuflüstern. Sie scheint meine Gedanken in diesem Moment zu erraten. Denn sie lächelt und antwortet: »Ich wachse über mich hinaus, jeden Tag. Allerdings habe ich auch keine Alternative.«

Und dann sagt sie etwas, was mich aufhorchen lässt, weil es so ungewöhnlich ist: »Ich habe die freie Zeit ohne Krankenhaus und Chemotherapien genutzt und Briefe geschrieben. Hier in meiner Wohnung. Seite für Seite. Innige, liebevolle Zeilen an meine Töchter Nele und Mia. Um meinen Abschied vorzubereiten. Ich will nicht einfach gehen, so bedeutungslos wie tausende andere Menschen. Denn Papier ist geduldig und überdauert alle Zeiten.«

»Meine Briefe sind eine Mischung aus Erinnerungen, Erfahrungen und Entscheidungen. Eine Autobiografie mit Ausblick.«

Briefe? Was für Briefe, will ich wissen.

»Zu jedem Geburtstag werden Nele und Mia liebe Zeilen von mir erhalten«, erklärt Andrea. »Bis sie erwachsen sind, jedes Jahr. Meine letzten Zeilen erreichen sie zu ihrer Hochzeit und zur Geburt ihrer ersten eigenen Kinder. Wenn ich Schwiegermutter und Großmutter werden würde.«

Mir fehlen die Worte. Dann frage ich: »Du bist eine Autorin, die für ihre kleinen Töchter schreibt. Habe ich das richtig verstanden?«

»Das bin ich nicht.« Andrea winkt ab. »Schriftsteller halte ich für Tagträumer. Sie sitzen den ganzen Tag am Tisch und denken sich Geschichten aus. Arme Poeten. Bei mir ist das ganz anders.«

Andrea denkt pragmatisch. »Meine Geschichte schreibt das Leben selbst. Ein abgedroschener Spruch, ich weiß. Wahr bleibt er dennoch. Meine Briefe sind eine Mischung aus Erinnerungen, Erfahrungen und Entscheidungen. Eine Autobiografie mit Ausblick. Denn nur das Herz kennt Welten, die der Verstand nie erreicht.«

Ich staune immer mehr.

»Klingt es vermessen, wenn ich sage, dass ich eine Mutter sein möchte, die auch nach ihrem Tod für ihre geliebten Kinder weiterlebt? Die etwas Zeitloses schafft, um irgendwie zu bleiben? Die ihre Ängste und Sorgen auch dann noch mit ihnen teilt, wenn alles vorüber ist? Zwar irgendwo jenseits meiner Töchter zu sein, aber den beiden dennoch sehr nah? Die Briefe aus dem Himmel schreibt? Ist ein solches Gefühl erlaubt oder schmerzt es mehr, als es verbindet?«

Andrea blickt mich fragend an. Sie will mit mir darüber diskutieren.

»Das ist grandios«, stottere ich etwas hilflos. Dann fällt mir der Roman von Cecilia Ahern ein, *P.S. Ich liebe dich*. Die anrührende Geschichte eines jungen Paares aus New York, das viele gemeinsame Pläne und Träume hat. Sie zerbrechen an einem Hirntumor. Das Leben ist zu

Ende, ehe es richtig beginnt. Und der Partner hinterlässt unzählige Briefe an seine große Liebe. Ich denke an die Hollywood-Verfilmung mit Hilary Swank und Gerard Butler. An die Tränen, die meine Frau Sylvia und ich im Kino vergossen haben. An die stundenlange Diskussion, die wir anschließend führten. »Was, wenn uns das widerfährt?«, haben wir uns gefragt. Aber das Drama ist weit weg und schnell wieder vergessen, wenn es nur von der Leinwand flimmert.

Jetzt sitze ich Andrea gegenüber. Sie ist keine Figur in einem Roman. Ihr widerfährt es im wirklichen Leben. Und sie hat eine Lösung für die Zeit danach gefunden, eine Idee, die fortbesteht. »Neben den Briefen erhalten meine Töchter kleine Geschenke, die meisten sind selbst gebastelt, andere habe ich im Internet ausgesucht und bestellt. Passend zu ihrem jeweiligen Alter gibt es eine Überraschung, die auch nach Jahren noch von Mama aus dem Himmel kommt. Wenn Nele und Mia in Schule und Kindergarten waren und ich aufstehen konnte, habe ich mich ans Werk gemacht. Heimlich. Sobald Nele und Mia aus dem Haus waren, fand ich auch die Muse, zum Stift zu greifen und über alles nachzudenken. Über mein gesamtes Leben, ein Zeitraffer, echtes Kopfkino. Ein Film, der in mir abläuft, manchmal mit Wiederholungen, manchmal schnell vorgespult, manchmal in Slow Motion. Freunde aus der Kindergartenzeit, der Schule, kehren in die Erinnerung zurück. Fröhliches Lachen, Unsinn und Unfug, Abenteuer und traurige Besinnung. Wertvolle Erfahrungen, die ich in der Zeit sammelte, die ich meinen beiden Töchtern voraus bin. Erfahrungen, die ich an meine

Töchter schriftlich und zum jeweils richtigen Zeitpunkt weitergeben kann. Dabei stellte ich fest: Mein Leben, mit drei Jahrzehnten nicht mehr als ein Drittel einer durchschnittlichen Lebensdauer, war reich und ausgefüllt. Ich erlebte mehr als manche Hundertjährige.«

Andrea spricht nicht verbissen, sie macht sich keine Vorwürfe.

Es sind neun Briefe, die Nele erhalten wird. Den letzten Geburtstagsbrief kann sie in ihren Händen halten, wenn achtzehn Kerzen auf ihrem Geburtstagskuchen stecken. Mia bekommt dreizehn Umschläge in den kommenden fünfzehn Jahren, die Mamas liebe Zeilen enthalten. Und dann werden die Mädchen einen Brief von Mami im Briefkasten finden, wenn sie längst junge Frauen geworden sind. Wenn sie den richtigen Mann fürs Leben gefunden haben und ihre ersten Kinder zur Welt kommen. Wenn Mutter Andrea eine fürsorgliche Großmutter geworden wäre. Sie wird ihre Enkel nicht, wie tausende andere Omas, an sich drücken und ihnen in tiefer Liebe alles durchgehen lassen können.

Andrea lächelt zufrieden. Sie fühlt eine tiefe Demut. Ihre Tasse stellt sie kurz ab, streicht bedachtsam mit ihren langen, schmalen Fingern zwei Brötchenkrümel vom Tisch. Sie schaut abwesend in die Mitte des Raums, während sie ihr Tuch um den Hals sanft geradezupft. Andrea ist stets geradlinig und geradeheraus. Sie hält nicht hinterm Berg.

»Manchmal habe ich mehrere Briefe an einem Tag schreiben können«, erzählt sie. »Manchmal schaffte ich auch nur zwei Zeilen und vollendete den Brief zwei Wochen später. Es kam immer auf meine Stimmung an. Regnete es draußen, wehten Stürme ums Haus, fiel es mir unendlich leichter, vom Abschied zu schreiben. Ich vermied Worte wie Tod und Sterben, vielleicht auch, um mich damit nicht abfinden zu müssen. Am frühen Morgen kamen mir die besten Einfälle, sie flogen mir förmlich zu. In den Abendstunden, wenn sich der Tag dem Ende neigt, hatte ich die klarsten Erinnerungen an früher. Es sollten keine Memoiren sein, kein Tagebuch, kein ichbezogenes Gekritzel. Vielmehr Tipps für meine Töchter, Ratschläge, Fingerzeige, Hinweise, die im Kopf bleiben und etwas bewirken. Die helfend unterstützen. Ein Lesebuch, ein Ratgeber aus erster Hand. Aus der Hand der eigenen Mama. Manchmal auch der berühmte Wink mit dem Zaunpfahl. Alles zugeschnitten auf das jeweilige Alter meiner Mädchen. Wie denken sie, wenn sie fünfzehn Jahre alt sind und die Welt um sich herum nicht mehr verstehen? Wenn sie den ersten Konflikt lösen sollen? Was geht ihnen durch den Kopf, wenn sie vielleicht erste Gedichte schreiben oder aufregende Bücher lesen und romantische Filme schauen? Um das vorauszuahnen, versetzte ich mich zurück in mich selbst. Als ich gerade fünfzehn Jahre war, ein unerfahrener Backfisch, als ich romantische Schmachtfilme oder spektakuläre Thriller sah und danach vor Aufregung nicht einschlafen konnte. Weil ich mich in den Hauptdarsteller verliebt hatte oder mich die Filmmusik begeistert hatte.«

Andrea holt kurz Luft. »Schon seltsam: Beim Blick aus dem Fenster verschwand die Sonne hinterm Horizont und ich tüftelte an den schönsten Formulierungen. Wenn ich vom Papier aufblickte, sah ich auf der Fensterscheibe kondensierende Regentropfen, die sich sammelten und langsam miteinander verschmolzen. War es kälter, bildeten sich Eisblumen, richtige kleine Kunstwerke, bei Nebel liebte ich es, das Fensterglas anzuhauchen und mit meinem Finger ein Herz auf die Scheibe zu malen. Ich tüftelte an Sätzen, die Nele und Mia gern lesen und die ihnen in den Köpfen bleiben würden. Ohne den Zeigefinger zu heben, ohne belehrend zu sein. Sätze, die von ihrer Mami aus dem Jenseits, von einem unbekannten und fernen Ort, kommen, eine innige Liebe weit über den Tod hinaus. Die beiden müssen doch ihr eigenes Leben finden und gestalten. Sie müssen das gute Gefühl in sich tragen, wissen, dass ihre Mama weiter ein lebendiger Teil von ihnen ist. Obwohl ich weiß, dass das eine große Illusion ist.«

Auf dem Flur ist wieder Bewegung. Tilo ist gekommen, Andreas Vater und der Großvater der Mädchen. Nele muss, wie abgesprochen, zum Tanztraining in die benachbarte Kleinstadt gebracht werden. »Cheerdancer« nennen sich die in Hohenmölsen ansässigen Tänzerinnen, zu denen Nele schon seit Jahren gehört und mit denen sie begeistert trainiert.

Auch Mia macht mit, zeigt ihr Talent in der jüngsten Tanzgruppe. Die Chefin, Diana, ist eine gute Freundin von Andrea. Jemand, auf den man sich verlassen könne, wie mir Andrea anvertraut.

Nach Andreas Tod wird Diana sagen: »Wir waren alle auf diesen Moment vorbereitet und trotzdem trifft er uns mit voller Wucht. Aufgeben kam für dich nie in Frage, denn du wolltest leben. Du wirst mir fehlen, nicht nur als Mitglied der Tanzbande, auch als Kritikerin, treibende Kraft, aber vor allem als Freundin. Einen Platz in unseren Herzen hast du längst gefunden. Nun such dir ein tolles Plätzchen da oben aus, bis wir uns wiedersehen.«

»Nele, bist du fertig? Alles gepackt?« Tilo Bendrick spricht sehr schnell, im Dialekt des Weißenfelser Landes. Manches Wort wird verschluckt oder langgezogen oder abgekürzt. Er tänzelt ein bisschen dazu, lächelt in Richtung Enkelin. »Opa«, entgegnet Nele fast vorwurfsvoll. »Alles ist fix und fertig.«

Tilo ist groß gewachsen und schlank und hat einen schmalen Kopf. Als er »Guten Tag!« sagt und dabei kurz in die Küche schaut, sehe ich sein Gesicht. Andrea ist sein Ebenbild. Die gleichen Augen, die gleiche spitze Nase, die gleiche Kopfform. Nele schlägt auf dem Flur ein Rad. Zweihändig. Dann noch eins, diesmal einhändig. Mit vollem Schwung. Sie ist aufgedreht. Opa Tilo muss ausweichen, sich an die Wand des Flurs drücken. Sie schaut fordernd zu uns. Fishing for Compliments nennt man das wohl – wo bleibt das Lob, bitte? Andrea dreht sich ihr zu und beginnt, Beifall zu klatschen. Ich applaudiere auch. Wenig später sind Tilo und Nele verschwunden, ihre eiligen Schritte verhallen auf der Treppe. Nele redet ununterbrochen weiter. Nur langsam entfernt sich der Wortschwall, der Klang ihrer hellen Stimme. Draußen schlagen Autotüren.

Stille kehrt wieder ein.

»Willst du mal sehen, wo ich meine Briefe geschrieben habe?«

Ich bin neugierig. »Natürlich will ich das.«

Wir verlassen die Küche und gehen durch den Flur. Das zweite Zimmer links ist Neles Reich. Die Tapete knallbunt mit Graffitimotiven, davor weiße Möbel, überall Kinderbilder von ihr gerahmt an der Wand. Nele auf dem Karussell, Nele verkleidet inmitten ihrer Tanzgruppe.

Ein Globus auf dem glitzernden Schreibtisch. Die weite Welt nimmt Platz in Röcken. Elektrisch blinkende Herzen, wie leuchtende Flammen, zieren ihr Bett, die Decke ist der Union Jack, die englische Nationalflagge. »Sie liebt London, wie ich auch«, kommentiert Andrea meinen erstaunten Blick. »Eine Freundin lebt dort, mit zwei Kindern, ähnlich alt wie meine Töchter. Sie schreiben einander, fast täglich. Durch das Internet ist die Welt so klein und nah geworden. Wir sind uns zum Glück alle auf die Pelle gerückt.«

Der Raum ist unterteilt. Ich folge Andrea in Neles Ankleidezimmer. Rechts an der Wand steht ein Schminktisch. Andrea setzt sich auf den tiefen Hocker davor. Der unschuldig weiße Tisch vor der hellblauen Wand – ein Stückchen Himmel auf Erden. Andrea nimmt ein Blatt weißes Papier, einen rosafarbenen Füllfederhalter und beginnt zu schreiben. Sie ist Linkshänderin. Den Stift hält sie zwischen vier Fingern, gesichert vom Daumen. Sie blickt kurz nach unten, der Füller schwingt und federt.

»Meine liebste Nele«, steht da in blauer Tinte, »heute wirst du schon achtzehn Jahre alt.« Alle Briefe beginnen mit »Meine liebste …«. Und alle enden mit »Drückt und küss dich – deine Mami!«, erfahre ich.

Ich darf Andrea fotografieren, während sie für mich diese Zeilen notiert. Ich zittere leicht, der Autofokus rattert. Ich mache Bilder, wie sie sich konzentriert übers Papier beugt. Dann schaut sie zu mir direkt in die Kamera, mit ernstem Blick, die Stirn leicht gekräuselt, den Mund angespannt.

Andrea hat Übung im Briefeschreiben. Dutzende davon verfasste sie in den letzten Monaten.

Ich will wissen, was in den Briefen steht.

»Willst du darüber schreiben?«, fragt sie kokett. »Nele liest sehr viel, sie würde es mitbekommen. Es soll doch jedes Jahr für sie ein Geheimnis bleiben, meine Zeilen an sie, an Mia. Wenn sie die Briefe öffnet, dann als die schönste Überraschung am Geburtstag.«

Sie wirkt auf einmal unsicher. »Vielleicht verraten wir schon jetzt zu viel.«

»Wir halten den Inhalt allgemein«, schlage ich vor. Andrea lächelt befreit. Wir besprechen, was wir über sie veröffentlichen wollen.

Existenz der Briefe: ja.

Den genauen Wortlaut: nein.

Diese Abmachung gilt. Das große Geheimnis wird immer ein Geheimnis für Nele und Mia bleiben. Ein Ritual, dass sich erst an ihren zukünftigen Geburtstagen auflöst, wenn die beiden ihre Briefe von Mama öffnen. Eine heilige Zeremonie bis zur Volljährigkeit.

»Wort zu halten ist wichtig, gerade Kindern gegenüber«, betont Andrea. »Gebrochenes Vertrauen ist kaum wiedergutzumachen.«

Deshalb antworte ich: »Du kannst dich auf mich verlassen!«

Tatsächlich halte ich mich an mein Versprechen. Für Nele und Mia. Ich könnte sonst in keinen Spiegel mehr schauen!

Damals habe ich es Andrea in die Hand versprochen.

»Es sind oft die kleinen Dinge, die eine große Wirkung in meinen Briefen besitzen.«

Andreas Gesicht ist voller Freude. Sie bemerkt meine ungeteilte Anerkennung, meinen Respekt. Eine Löwenmutter, die ihre Kleinen behütet und beschützt in jeder Situation.

Sie klammert sich fest am Schminktisch ihrer Tochter, die Beine hat sie eingeknickt.

»Jeder Brief ist von Hand geschrieben. Eine ganze Seite lang. Mein Block, gelochtes Karomuster, ist längst voll. Jeden Tag schreibe ich ein bis zwei Stunden. Stunden, in denen ich meine Schmerzen vergesse für kurze Zeit. Ich blende meinen Alltag aus, gehe weit zurück in die Vergangenheit. In die Zeit, als dieser Krebs noch ein Fremdwort für mich war. Mein Gott, nicht der Tod ist traurig, sondern ein Leben, das nicht gelebt wird. Von daher gebe ich meinen Töchtern

Tipps und Emotionen mit auf den Weg. Sie erfahren, wenn sie zwölf werden, wie es sich anfühlte, als ich meinen ersten Kuss bekam. Die erste große Liebe, das berühmte Kribbeln im Bauch, vergisst doch keiner, eine einmalige Erfahrung, die meinen Töchtern in diesem Alter bevorsteht. Die ich nicht mit ihnen gemeinsam erleben kann. Ihren ersten Liebeskummer, das Auf und Ab der Gefühle, die Achterbahn der Hormone, schlaflose Nächte, die Tränen auf den Bettkissen. Ich werde sie nicht trösten und in die Arme nehmen können. All das weiß ich, aber wenn sie meine Zeilen lesen, gebe ich ihnen Hoffnung und sie stellen fest: ›Mami hat das auch mal durchgemacht. Und sie hat es gut überstanden. Blessuren hat sie nicht davongetragen.‹«

Andrea verrät mir, wovon sie schreibt, wenn Nele und Mia in die Pubertät kommen. Die Zeit des Drunter und Drüber. Sie will Erfahrungen vermitteln. »Wenn das Leben während dieser Zeit einer Baustelle gleicht, wenn die Eltern in den Augen der Kinder furchtbar peinlich sind, wenn die Schule nervt und alles nur noch anstrengend ist, diesen Zeitabschnitt will ich meinen Töchtern als Mama erklären. Dieses Gefühlschaos entwirren, das ist doch meine Aufgabe, auch wenn ich ihnen nicht mehr persönlich beistehen kann.«

Andrea will ihren Töchtern diese Zeit der Unsicherheit und des Zweifels nahebringen, will ihnen Zerrissenheit und Zwiespalt nehmen: Mädels, das ist ganz normal. Jetzt reißt euch zusammen! Köpfe hoch, nach vorne schauen, nicht verzagen!

»Als Prinzessin darf man ruhig stolpern und hinfallen. Aber danach aufrappeln, die Krone richten und voller Stolz weitergehen. So steht es in meinen Briefen an meine Töchter«, erläutert Andrea.

»Ich habe ihnen meine Sicht auf die Pubertät geschildert, dass ich mich mit zwölf Jahren nicht mehr als kleines Mädchen fühlte, mir dennoch die Welt der Erwachsenen mysteriös, fremdartig und unverständlich erschien. Ich hatte damals eine Sinnkrise, wie es andere Mädchen in diesem Alter auch haben. Ich reagierte häufig emotional, ängstlich, manchmal impulsiv. Die kleinste Veränderung konnte mich aus der Fassung bringen. Deshalb erkläre ich meinen Mädchen diese Vorgänge, damit sie ihre Veränderungen richtig einordnen können. Eine liebevolle Mami geht in der Pubertät auf ihre Kinder zu und lässt sie nicht allein mit ihren unbeantworteten Fragen.«

Andrea ist nachdenklich geworden. Ich bin tief beeindruckt. Dann sagt sie weiter: »Es sind oft die kleinen Dinge, die eine große Wirkung in meinen Briefen besitzen. Zum Beispiel Musik. Ich bin in den achtziger Jahren geboren. Als ich fünfzehn Jahre alt war, hörte ich begeistert die Songs von den Spice Girls und von Rosenstolz. Einerseits Ohrwurm-Pop mit Melodie, frech und fröhlich, andererseits die fast kitschigen deutschen Texte. ›Liebe ist alles‹ oder ›Gib mir Sonne‹ oder ›Wir sind am Leben‹. Sie trafen mich mitten ins Herz. Meine Töchter hören heute ganz andere Musik. Von Justin Bieber und Rihanna. Eher cool und oberflächlich. Ohne große Emotionen und Melodie. Eine Musik, die nicht für Jahrzehnte gemacht scheint. Deshalb lege ich meinen Briefen CDs mit meiner Lieblingsmusik aus meiner Jugend bei. Dabei hoffe ich, sie mögen sich für diese Oldies begeistern und sie sogar neu entdecken.«

Musik ist mein Stichwort.

»Meine Frau ist Musikerin«, sage ich in diesem Moment. »Sie singt Pop im Stil der achtziger Jahre. Die guten alten Ohrwürmer aus der Diskozeit und auch neue Songs, selbst komponiert und getextet. Auf Englisch und Deutsch.«

Andrea horcht neugierig auf. Aufmerksam registriert sie jedes Wort. Andrea liebt leichte Lieder. Lieder, die gefühlvoll und gefällig sind. Voller Melancholie, die an einem trüben Herbsttag die Gedanken fliegen und die Sonne scheinen lassen.

»Musik beflügelt mich«, sagt sie. »Wenn sie mich mitnimmt, davonträgt, schweben lässt. Wenn ich, getragen von einer Melodie und einem passenden, klugen Text, abhebe. So romantisch bin ich.« Schelmisch fügt sie hinzu: »Klingt das jetzt kitschig?«

»Gar nicht«, verneine ich. Da ich Aphorismen liebe, fällt mir ausgerechnet Novalis ein, Schriftsteller und Philosoph der Frühromantik, der nur wenige Kilometer von Röcken entfernt, in Weißenfels, begraben liegt. »Die Welt muss romantisiert werden. So findet man den ursprünglichen Sinn wieder.«

Andrea nimmt das Thema auf, ihre Wangen glühen. »Wie sagt man immer? Kinderseelen sind so rein und gut wie ihre Herzen. Manchmal wünsche ich mir, unsere Gesellschaft würde sich an ihnen ein Beispiel nehmen. Kinder an die Macht.«

Ich nicke zustimmend.

Ihr Zitat aus unserem Gespräch werde ich am 2. Mai 2016 auf ihrer Facebook-Seite wiederfinden. Ich werde den Gefällt-mir-Button drücken – als bleibende Erinnerung an unsere Plauderei.

Wir sind zurück in der Küche. Andrea lehnt sich lässig an die Stuhllehne ihres angestammten Platzes. Alles wirkt vertrauter als vorher, heimisch fast. »In meinen Briefen öffne ich mich meinen Töchtern sehr weit. Ihre Mama wird gläsern. Sie blättern später im Buch meines Lebens.«

Auf die Idee mit dem Aufschreiben habe sie eine gute Freundin gebracht: »Sie sagte mir, ich solle doch meine Zeit, die mir noch bleibt, in Tagebuchform festhalten. Jeden einzelnen Moment, jeden wichtigen und unwichtigen Augenblick. In regelmäßigen Abständen Notizen machen. Das mache den Kopf frei und wirke wie eine Therapie. Diese Idee habe ich dann weitergedacht: Entstanden sind die persönlichen Aufzeichnungen an meine Töchter. Sie werden erfahren, wie ich in ihrem Alter reagiert habe und mich verhielt. Eine Biografie mit Mehrwert. Ich schreibe über die Welt, wie ich sie sehe. Ich warne meine Töchter vor lauernden Gefahren, vor Drogen und Internetsucht. Ich erzähle ausführlich die Geschichte unserer Familie und berichte vom besten Ratschlag, der mir früher gegeben wurde. Edel solle man sein, hilfreich und gut – ein Spruch von Goethe. Von der peinlichsten Situation, in die ich geriet, und was mir persönlich immer in Erinnerung bleiben wird. Ich lobe meine Töchter und zeige auf, was mir an ihnen besonders wichtig ist. Jeder Mensch besitzt besondere Züge. Das ist bei Nele so und bei Mia auch. Bei Nele ist es ihre Neugier, bei Mia ihr sturer Kopf. Es ist doch die Aufgabe der Eltern,

Erfahrungen an die nächste Generation weiterzugeben. Sicherlich, meine Form der Übermittlung fällt aus dem Rahmen. Kaum ein anderer macht sich die Mühe und greift zu Papier und Stift, um das alles festzuhalten. Ich frage mich oft, ob ich das alles getan hätte, wenn ich nicht wüsste, dass ich sterben muss. Aber vielleicht ist es eine gute Idee auch für all die anderen, die weiter leiden müssen.«

Andrea deutet die Themen ihrer Briefe an. »Ich schreibe von meiner Prüfungsangst, den Blackouts, den Vorbereitungen in der Schule, von den dreizehn harten Jahren bis zum Abitur. Lernen, lernen und nochmals lernen. Und dabei richtig lernen. Mit Auswendigpauken ist es nicht getan. Welche Freude es ist, das Reifezeugnis schließlich in den Händen zu halten. Wie ich mich vor Jahren darüber freute – ich habe es meinen Kindern in aller Ausführlichkeit aufgeschrieben. Nie sollen sie tun, was ihnen andere vorschreiben. Sie brauchen sich nicht dafür zu entschuldigen, wer und wie sie sind. Das eigene Ich erkennen, mutig sein, meinetwegen vorlaut und sogar ein bisschen frech. Meine Töchter sollen sie selbst sein! Und, wenn möglich, nicht jene Fehler machen, die ich gemacht habe. Meine Zeilen sollen Ansporn, sie sollen Motivation für meine Töchter sein. Eine festgelegte Schiene sind sie nicht. Sie brauchen nicht in Richtungen zu gehen, die ihnen nicht liegen. Als Mutter darf man seinen Kindern das Leben nicht vorschreiben. Das geht sowieso daneben. Aber ihnen Wege aufzuzeigen, Wegweiser an entscheidenden Kreuzungen zu sein, das halte ich für legitim. Das Leben ist doch wie ein großes Meer. Du segelst über Wellen, durch Sturm und Wind. Meine Briefe sind ein Kompass, der durch dieses stürmische Wasser führt, während Nele und Mia erwachsen werden.«

Welchen Absender sie angeben möchte, will ich wissen. »Keinen«, entgegnet sie. »Sobald der Eindruck aufkommt, ich würde aus dem Jenseits schreiben, bin ich von meinen Töchtern weit entfernt. Ich möchte ihnen jedoch nah bleiben. Das Gefühl, ihre Mama ist nun woanders und damit weit weg und an einem anderen Ort, tut ihnen nicht gut. Ich möchte weiter bei ihnen sein, mitten in ihren Köpfen, und Nähe vermitteln.«

Ich bewundere Andrea. Mit welcher unbändigen Kraft sie ihren Tod vorbereitet. Wie genau sie ist. In meinen zwei Jahrzehnten als Boulevardreporter lernte ich unzählige Menschen und ihre Handicaps kennen. Jeder beschritt seinen eigenen Weg. Mancher kam davon ab, schloss mit seinem Schicksal abrupt ab, nahm es als unabänderlich hin. Verwandte und Freunde hatten es dann unsagbar schwer. Wenn jede Motivation und jedes gut gemeinte Wort versagen, bleibt nicht mehr viel übrig. Bei Andrea ist alles anders: Sie treibt an, stellt sich an die Spitze, organisiert. Behält ihren wachen Verstand. Ihre unendliche Güte. Und ihre schier grenzenlose Liebe zu ihren beiden Töchtern. Trotz der Umstände, die sie binden und knebeln. Trotz allem. Was eine Mama mit Leib und Seele ausmache, will sie von mir erfahren. Meine Antwort wartet sie nicht ab, die hat sie selbst parat und rezitiert sie wie ein Gedicht: »›Sie muss lachen, auch wenn sie traurig ist. Sie muss trösten, auch wenn sie selbst Trost bräuchte. Sie muss stark sein, auch wenn sie keine Kraft mehr hat. Sie muss lachen, auch wenn sie lieber weinen würde. Sie muss funktionieren, auch wenn sie müde ist. Sie muss für ihre Lieben da sein, auch wenn sie krank ist.‹ – Diesen Spruch habe ich irgendwo im Internet gefunden, finde ich toll. Ich möchte all das jeden Tag spüren, trotz meiner Krankheit, sehr gern und so lange, wie es noch geht.«

Ich notiere eifrig mit. Dann versagt mein Kugelschreiber. »Wie peinlich.« Ich schüttele den Kopf.

»Ach was, das passiert!«, lacht Andrea. »Hier ist ein Ersatz!«

Sie dreht sich kurz um, wühlt mit flinken Fingern in einer Box, findet einen Stift und reicht ihn mir.

Sie erzählt weiter. »Kommen Nele und Mia langsam ins Erwachsenenalter, werden sie aus meinen Briefen erfahren, wie ich meinen Führerschein absolvierte. Wie ich mich erst langsam auf die Straße traute, wie ich mich überwinden musste, ehe ich sicherer wurde. Sie sollen alle Ängste überwinden. Denn Angst ist nie ein guter Ratgeber. Kennst du sicher, den alten Film: *Angst essen Seele auf?*«

Andrea spricht gern in Bildern, bezieht sich auf Musik- oder Filmtitel, um besser zu veranschaulichen. Wie mit *Angst essen Seele auf*, den berühmten Film von Rainer Werner Fassbinder. Er erzählt die von allen abgelehnte Liebe zwischen einer deutschen Putzfrau und einem arabischen Gastarbeiter. Sich nicht unterkriegen lassen, an das Gute glauben, trotz widriger Umstände, will Andrea mir auf diese Weise sagen. Sie ist die geborene Pädagogin. Ihre Worte in Bildern bleiben im Kopf. Wenn sie berichtet, illustriert sie ihr Leben. Andrea heißt Andrea, weil sie wärmt, wenn sie erzählt, weil sie hofft und mitfühlt.

Matthias schaut kurz rein, Andreas Bruder. »Mattu, du musst mir helfen«, dringt es aus Mias Zimmer. Mattu also. Ein Spitzname, den sich Mia für ihn ausgedacht hat. Nele und der Rest der Familie rufen ihn »Mattusch«.

Mia nimmt Anlauf und springt ihrem Onkel mit Schwung in die Arme. Sie weint. Der gibt ihr einen Kuss, setzt sie vorsichtig ab und spricht mit ihr auf Augenhöhe, indem er niederkniet. Die beiden unterhalten sich leise. Matthias trägt einen grünen Overall. Seine Hände sind ölverschmiert. Wenn er Pause macht in seiner Werkstatt, schaut er kurz bei seiner Schwester und den beiden Kindern vorbei. Ein Ritual.

»Nele ist schon weg und Mia spielt in ihrem Zimmer«, erstattet ihm Andrea Bericht. Die beiden brauchen keine großen Worte, keine langen Erklärungen. Sie verstehen sich nahezu wortlos. Das war auch schon in Kindertagen so, wie ich später erfahren werde. Matthias ist nur wenig jünger als seine Schwester. Andrea wurde Ende Mai 1985 geboren, Matthias folgte Ende September 1986.

Er ist blond, bedächtig und ruhig. Ein kreativer Bastler, einer, der irgendwie alles wieder hinbekommt mit geschickten Händen und wachem Verstand. Alte Autos ebenso wie sein Leben. Nur eine eigene Familie, die hat er noch nicht. »Meine künftige Frau soll in meine Firma passen«, wird er ausflüchtig erklären. »Da war die Richtige noch nicht dabei.«

Mia hält ihm ihre Lieblingspuppe hin. Ein Arm fehlt. In aller Ruhe fädelt Onkel Mattu den Arm in die Schulter der Puppe mit den blonden Haaren wieder ein. Mia beobachtet ihn aufmerksam. »Matthias kriegt das wieder hin«, sagt jetzt

Andrea und zeigt ihren nach oben gereckten Daumen in Richtung Mia. Sie lächelt. »Es war eigentlich der Wunsch von Nele, dass wir aus dem Nachbardorf wieder hierherziehen, nach Röcken«, berichtet Andrea. »Sobald sie verstanden hatte, wie es um mich steht, wollte sie nur noch zu ihrem Onkel Mattusch, auf diesen Hof, den einst mein Vater gekauft hat. Hier wollte sie leben und erwachsen werden, bei ihm und ihren Großeltern.«

Mia ist wieder in ihrem Zimmer verschwunden. Glücklich mit der reparierten Lieblingspuppe. Sie singt fröhlich ein Kinderlied. Das Handy von Matthias klingelt. Er grüßt uns kurz, lächelt mit seinen freundlichen braunen Augen und verlässt die Wohnung, während er von gerade gelieferten Ersatzteilen für einen gebrauchten Renault redet.

»Ich liebe meinen Bruder«, bekräftigt Andrea. »Er bedeutet mir alles. Wenn dieses viel benutzte Wort ›Gutmensch‹ wirklich eine Bedeutung hat, dann ist er jemand, auf den es eins zu eins zutrifft. Einer, der nie einen anderen verletzt. Einer, der nicht nein sagt und manchmal auch nicht nein sagen kann. Aber sich dabei nie überrumpelt fühlt. Ich würde alles für ihn tun und er würde alles für mich geben. Zwischen uns passt kein Blatt.«

Es ist eine tiefe Geschwisterliebe, eine innere Verbundenheit, die aus ihren Worten spricht. »Ich bin einfach froh, dass es ihn gibt. Er vermittelt mir und meinen Kindern Sicherheit in diesen Tagen. Sicherheit, jawohl, Sicherheit.« Sie wiederholt das Wort. Jetzt, wo alles unsicher ist: ihre Gesundheit, ihr Leben, ihre Zukunft vor allem. Wenn sich alles nur noch um den Moment dreht. Um den einzelnen Tag, die Stunde, die

Minute. Ich begreife Andreas Worte. Sie wiegen so verdammt schwer. Wenn das eigene Leben eigentlich für abgeschlossen erklärt ist, noch dazu von kompetenter Stelle, was zählt dann?

Ich traue mich, diese Frage zu stellen. Andrea hat eine solche Reaktion erwartet, sie wirkt vorbereitet. »Weißt du, alles wirkt auf einmal intensiver – jede Blüte einer Blume scheint bunter, das Leben ist keine überdimensionale Leinwand mehr. Ich konzentriere mich auf das scheinbar Kleine, die Pixel, die unauffälligen Ecken und Kanten, auf das Minimale im Großen. Wenn ein Sonnenstrahl beim Frühstück den Goldrand meines Porzellantellers glitzern lässt, wenn ich einfach in die Stille des Tages lausche und nur das leise Ticken der Uhr wahrnehme. Dinge, die für andere Menschen schlichter Alltag und leider oft unwichtig geworden sind. Ich achte auf das unwiederbringliche Detail. Nichts wiederholt sich, alles ist einzigartig, passiert nur einmal und vergeht anschließend für alle Zeit. Wie wir Menschen auch. Für jeden und alles gibt es einen Anfang und ein Ende.«

Andrea mustert mein Gesicht. Da ich abwesend wirke, fragt sie vorsichtig: »Nerve ich dich?« Dabei wiederhole ich in Gedanken nur Andreas Worte. Sie setzt sich mit ihrem Schicksal auseinander. Sie verdrängt nichts. »Jeder schöne Augenblick bleibt länger im Gedächtnis«, fährt sie fort. »Wenn es meine Kräfte erlauben, widme ich sie meinen beiden Töchtern. Wir spielen gemeinsam und reden viel. Reden beruhigt und beseitigt Missverständnisse. Wir verschweigen keine Probleme und lügen uns nicht an. Manchmal streiche ich den beiden bloß übers Haar und fühle mich sehr glücklich dabei. Sie sind meine Prinzessinnen, alle beide. ›Zeigt das Leben seine schlechte Seite, streue einfach Glitzer darüber‹ – das ist nach wie vor meine Devise. Diesen Spruch habe ich auch in meinen Briefen verarbeitet.«

Dann erzählt sie, sichtlich aufgekratzt, welche Frage ihr eine gute Freundin stellte. »›Würdest du die Zeit zurückdrehen, wenn du es könntest? Und Mia nicht auf die Welt bringen, da du nach ihr krank geworden bist?‹« Starker Tobak, denke ich.

»Ich musste keine einzige Sekunde überlegen: Nein, denn für meine beiden Töchter würde ich jede Krankheit dieser Welt in Kauf nehmen. Nele und Mia machen mich so unendlich reich und glücklich. Mia ist ja jetzt schon drei Jahre alt, sie bereichert, erfrischt und unterhält das Leben unserer gesamten Familie. Ich kann sterben, irgendwann, weil jeder Mensch mal stirbt. Mia schafft es täglich, sehr stark zu sein. Sie schafft es, alle mit ihrer Art durchs Leben zu tragen. Sie ist meine kleine Räubertochter!«

Ausgerechnet jetzt klingelt mein Handy. Ich merke, wie Andrea aufschreckt. Eine Redaktionsnummer erscheint auf dem Display. Nichts ist jetzt bedeutender als Andrea, entscheide ich. Der Anruf wird weggedrückt.

»Etwas Wichtiges?«, fragt sie besorgt.

»Was ist wirklich wichtig?«, frage ich zurück.

»Die Hoffnung«, sagt Andrea. »Die gute alte Hoffnung. Denn sie stirbt zuletzt.«

Das wusste schon der Röckener Philosoph Nietzsche: »Die Hoffnung ist der Regenbogen über den herabstürzenden jähen Bach des Lebens.«

»Meine Seele macht dann Waldspaziergänge.«

Ich schaue auf die Handyuhr. Seit zwei Stunden reden wir bereits. Nahezu ununterbrochen.

Nele wird jede Minute vom Tanztraining kommen. Sicher wird sie sich wundern, warum ich immer noch in der Küche sitze. Aber gut, denke ich. Das überlebst du. Dann können wir Fotos machen. Von Andrea und ihren Kindern, alle gemeinsam, alle miteinander.

Andrea muss doch müde sein. Nachdenken und Reden sind verflixt anstrengend. Doch sie belehrt mich eines Besseren. Sie blüht auf, spricht so selbstverständlich über ihren nahen Tod, die Vorbereitung darauf. »Ich möchte nicht auf einem Friedhof begraben werden. Nicht auf einem herkömmlichen, wie wir ihn alle kennen. Mein Leben war ja alles andere als gewöhnlich. Keine Kurve, die immer nach oben zeigte. Als ich oben im Leben stand, fiel ich steil nach unten. Deshalb habe ich einen stillen Friedwald gesucht, weil ich inmitten der Natur bestattet werden möchte. Von dort bin ich gekommen, dort möchte ich enden. Grabpflege ist nicht nötig, denn die übernimmt die Natur mit ihren sich wandelnden Jahreszeiten. Wunderschöne Wildblumen, Farne, Moose, bunte Blätter und weißer Schnee – immer wieder anders wird an mich erinnert. Ein kleines Paradies, der Himmel auf Erden. Typischer Grabschmuck wie Gestecke, Grabsteine und Kerzen ist nicht erlaubt. Das passt nicht in einen Wald, in eine Schönheit, erschaffen von Mutter Natur. Diesen Friedwald habe ich in Freyburg an der Unstrut gefunden, gerade eine halbe Stunde entfernt von Röcken. Eine wunderschöne Gegend, berühmt für seine Weinberge, mit alten, ehrwürdigen Laubbäumen, deren hohe Kronen sich erhaben in den Himmel strecken. Ein schmaler, ruhiger Waldweg wird zu meiner Urne führen, die zwischen den Wurzeln eines mächtigen Baumes ruhen wird. Eine schlichte Baumnummer verrät meinen Freunden, wo ich liege. Ich habe mir alles genau angesehen, es ist der rechte Platz, um für ewig auszuruhen. Dort finde ich meinen Frieden, da bin ich mir sicher. Meine Seele macht dann Waldspaziergänge – was für eine Vorstellung! Endlich befreit von den Schmerzen, vom Ballast meiner Krankheit.«

Andrea wirkt nachdenklich: »All das nach einem wunderbaren, aufregenden und doch ausgeglichenen Leben. Ich war immer eine Individualistin. Nie ließ ich mir vorschreiben, wie ich zu denken habe. Selbst meine Krankheit, den Krebs, hasse ich nicht. Ich schiebe ihn weg, fühle ihn als unnahbar, wie hinter einer Scheibe aus Milchglas. Er hat keine

Beachtung verdient, höchstens verachte ich ihn, den Krebs. Er gehört zu meinem Leben dazu.«

Andrea breitet ihre Hände weit aus und schaut verträumt. Innehalten, für kurze Zeit.

Ich kenne viele Leute, die über den Tod reden. Poetisch, weniger poetisch, manchmal direkt, manchmal versteckt zwischen den Zeilen. Denn sie brechen damit ein Tabu. Der Tod, die Diskussion darüber, sind ein Tabu in unserer Gesellschaft. Doch Andrea zeigt mir heute einen anderen Weg, einen offenen, transparenten Weg. »Der Tod ist niemals nah oder fern, er ist gegenwärtig. Er ist ertragbar. Für jeden von uns. Und unser Leben ist wie Lottospielen. In bestimmten Situationen reicht ein Dreier nicht.«

Der Tod beginnt mit unserer Geburt, heißt es. Andrea hat das verstanden. Sie macht sich den Umgang mit dem Sterben zu eigen. Vom Sprichwort »Totgesagte leben länger« hält sie hingegen nichts. »Das sind hohle Mutmachworte«, sagt sie eher geringschätzig. »Die Wirklichkeit sieht anders aus. Viele geben sich selbst auf, wenn sie von anderen aufgegeben werden. Das habe ich in Krankenhäusern erlebt. Der Wille bricht wie dünnes Eis, sobald man einen ersten Schritt wagt. Und wenn man erstmal eingebrochen ist, kann man strampeln, wie man will. Man versinkt in der unendlichen Tiefe. Gegen die Kälte da unten hat man keine Chance.«

Andrea hält plötzlich eine zarte Silberkette in den Händen. »Aus meiner Asche werden zwei kleine Diamanten entstehen. Das ist ein einfacher Prozess. Bei hohen Temperaturen und hohem Druck wächst über mehrere Wochen hinweg ein Diamant. Später funkeln sie an solchen silbernen Ketten meiner Töchter. Was sie jemals tun und wohin sie auch immer gehen, ich werde als Edelstein bei meinen Mädchen sein, sie werden schillern und funkeln. Und nicht ohne Wert sein.«

Die Tür knallt. Nele platzt mit einem unüberhörbaren »Bin wieder da!« in den Flur. Sie stürmt in die Küche und verstummt. »Dein Gast ist ja immer noch da«, flüstert sie Andrea hinter vorgehaltener Hand ins Ohr. Worauf mir Andrea beruhigend zuzwinkert. Dann verschwindet Nele in ihrem Zimmer, für alle hörbar, wie sie ihren Rucksack ablegt. Stuhlbeine kratzen über das Laminat. Nele nimmt Platz an ihrem Schreibtisch.

Wir sind wieder ungestört. Andrea nennt weitere Geschenke, die ihre Töchter später zu ihren Geburtstagen erhalten werden. »Wenn meine Mia fünf Jahre wird, am 4. Mai 2018, spendiere ich ihr einen Schwimmkurs. Denn sie liebt es, im Wasser zu plantschen. Es ist ihr Element. Ihr Berufswunsch ist ja vollkommen ausgefallen, ein typischer Mädchen-Wunsch: Sie möchte kleine Meerjungfrau werden! Die Geschichte von Arielle hört sie mehrfach am Tag und immer vor dem Schlafengehen.« Über Andreas Gesicht huscht ein Lächeln.

»Damit sie die Welt entdecken können, habe ich für Nele und Mia einen Globus ausgesucht. Sie sollen sich darauf ihre Lieblingsländer aussuchen und später viel reisen. Ich erinnere mich noch gut daran, wie ich früher in der Schule die Landkarten abgesucht habe, um mich an die schönsten Fleckchen dieser Erde zu träumen. Die warmen

Länder, mit Palmen, Meer und Strand. In der Hängematte liegen, das Rauschen der Wellen hören, dabei auf die offene See schauen, Schiffe aus der Ferne beobachten und staunen. Reisen bildet. Meine beiden Töchter sollen später gut ausgebildet sein. Wer studiert, hat größere Chancen im Leben, das weiß ich aus eigener Erfahrung. Und es wird Fotos aus meiner Kinderzeit geben, reichlich, die kleine Andrea, eingeklebt in gold- und silberfarbene Mini-Medaillons, die sie tragen, anschauen und aufheben können. Wir alle drei werden auf diese Weise noch einmal erwachsen, gemeinsam. Ich darf ein Teil von ihnen sein. Gerade, wenn mich die Schmerzen quälen, die Tage in meiner Seele dunkel sind, hält mich der Gedanke daran aufrecht.«

Lebendige Erinnerungen, die bleiben. Diese Idee fasziniert mich, und dass sie ausgerechnet aus Röcken kommt. Dieses kleine Dorf, eng verknüpft mit dem großen Philosophen Friedrich Wilhelm Nietzsche. Der im Sommer 1875 treffend schrieb: »Der Tod ist nicht der Feind des Lebens überhaupt, sondern das Mittel, durch welches die Bedeutung des Lebens offenbar gemacht wird.«

Andrea macht die Bedeutung des Lebens tatsächlich offenbar, in den dutzenden Briefen an ihre Töchter.

Sie hat noch einen Schluck Tee in ihrer Tasse, auch ich habe meinen Kaffee nicht ausgetrunken. Er ist mittlerweile kalt.

»Hast du noch Kraft?«, frage ich höflich. Sie nickt und streicht sich über ihre kurzen Haare.

»Dann machen wir jetzt die Fotos mit deinen Kindern.« Ich erläutere ihr, welche Motive mir vorschweben. Andrea steuert selbst Vorschläge bei. Auch hier sind ihre Energie und ihr Wille groß, ihre Ideen der Nachwelt zu hinterlassen. Nie sagt sie Dinge, die ich häufig während meiner Interviews zu hören bekomme: »Jetzt bitte nicht mitschreiben« und »Nun etwas außerhalb des Protokolls«. Andrea will ihr einzigartiges Vermächtnis ohne Bedingungen öffentlich machen, ohne jeden Zweifel, ohne jede Einschränkung.

»Dann lass uns loslegen!«

»Nele, Mia – wir machen Fotos!«, ruft Andrea munter und klatscht in die Hände. Die beiden unterbrechen ihr Spiel und stehen neugierig blickend vor uns. Nele führt Mia an ihrer Hand, Mama Andrea lächelt glücklich.

Wir starten im Wohnzimmer. Andrea zeigt stolz aufgeklebte Fotos ihrer beiden Töchter. Sie lachen darauf, blinzeln kokett. Sie tragen geflochtene Zöpfchen und posen für die Kamera – wie zwei unschuldige Engel, die der Himmel geschickt hat. Rote Herzen in verschiedenen Größen zieren die Collage. Nele wirkt erwachsen, sie gibt ganz die große Schwester. Sie umarmt ihre unbeschwerte kleine Schwester auf jedem Bild, während Mia mit wachen und unschuldigen Augen in die Kamera schaut.

Auf einer dunkel gebeizten Vitrine reiht Andrea wenig später die Buchstaben H, O, M und E auf. Eine kleine Skulptur aus farbigem Holz. »Ein Heim, ein Wohlfühlnest für uns alle, das habe ich mir immer erträumt«, schwärmt sie, während ich sie fotografiere. »Schon als kleines Mädchen wollte ich Geborgenheit um mich herum. Eine richtige Familie, wo jeder für jeden einsteht. Ohne Streit, ohne Zwist. Immer ein freundliches Wort von allen Seiten.«

Guter Geschmack inmitten aller Gemütlichkeit ist ihr wichtig. Fürs Wohlbefinden, für die Seele.

In Mias Kinderzimmer hat Andrea eine weitere Idee: »Wir können Seifenblasen machen! Eine durchsichtige, in tausend Farben schillernde Welt, die eher früh als spät wieder zerplatzt. Ein paar wenige Sekunden des Staunens. Wie mein Leben eigentlich.«

Ich bemühe mich, möglichst viele Seifenblasen aufs Bild zu bannen, die Nele und Mia in enormer Geschwindigkeit im gegenseitigen Wettbewerb erzeugen und kreuz und quer durchs Zimmer pusten.

Es entsteht eine ganze Serie an Fotos mit diesem Motiv. Es werden besondere Bilder sein, wie ich in einem Jahr feststelle, zutiefst schockiert und nachdenklich zugleich. Denn im Hintergrund, an der Zimmerwand, hängt ein Kalender aus Holz. Darauf steckt man die Jahreszeit, den Monat und den jeweiligen Tag.

»Mia spielt immer mit diesem Kalender«, erzählt mir Matthias nach Andreas Tod. Mia hatte auch an diesem 14. April 2016, einem Dienstag, damit gespielt und ein paar Zahlen und Daten gesteckt. Ihrer Fantasie ließ sie dabei freien Lauf. Mia griff sich zufällig einen 7. Mai und steckte das Datum morgens an den Holzkalender.

Am 7. Mai im Jahr darauf würde ihre Mutter sterben. Als ich Mattusch später davon erzähle, schaut er verdutzt und schüttelt ungläubig den Kopf.

Es sind diese merkwürdigen Dinge zwischen Himmel und Erde, die im Nachhinein keiner logisch erklären kann.

Es würde nicht das einzige Unerklärliche im Zusammenhang mit Andrea bleiben.

Ich fotografiere eine Spielszene. Andrea und ihre Töchter haben sich im Wohnzimmer auf den Boden gesetzt, sie tauschen lustige Karten. Andrea hat zuvor im Wohnzimmerschrank nach geeigneten Spielen gesucht. Als sie die lackierte Tür öffnete, sah ich Unmengen an Spielen. Eine Ablage, gefüllt bis zum Rand.

»Wir müssen fit im Kopf sein«, hat sie als Devise für sich und die Mädchen ausgegeben.

Im Schneidersitz vor der Vitrine hockend gibt Andrea Anweisungen. Sie verkörpert erneut das Bild einer Erzieherin. Eine Lehrerin, die zugleich liebende Mutter ist. Sie erklärt die Spielregeln, korrigiert, streckt mittendrin ihren Arm aus und streicht Mia zärtlich über den Kopf. Sie glättet die Wogen, die bei Mia immer durchkommen, wenn es nicht nach ihrem Kopf geht. Oder wenn es ihr zu langweilig wird. Mia fehlt die Ausdauer.

Die Idylle einer kleinen Familie. Für einen Moment verharren alle drei und blicken unbewegt in meine Kamera. Es klickt mehrfach.

Die Mädchen werden allmählich unruhig. Zumindest Mia. Nele hingegen mag es, ein bisschen Model zu spielen. Sie glättet mit ihren Fingern ihr Haar und lächelt wie ein fotoerfahrener Profi. Auch Andrea scheint die Aufmerksamkeit zu genießen. Dieser außergewöhnliche Nachmittag tut ihr gut. Ich fotografiere Andrea in Mias Zimmer. Ihre Töchter zücken die Buntstifte und malen, während ihre Hausaufgabenhefte auf dem Schreibtisch liegen. »Wir lösen jetzt Aufgaben für den Fotografen«, sagt Andrea mit vollem Ernst und beugt sich leicht vor. Sie liest laut eine Rechenaufgabe. Addieren und subtrahieren, plus und minus.

Wie ein Schutzengel stützt sie sich auf die Stuhllehnen, lehnt sich vornüber zu ihren beiden Töchtern und dreht ihr Gesicht Richtung Kamera. Dann umfasst sie die beiden liebevoll. Dabei werden sie ganz ruhig und schauen konzentriert auf ihre Hefte. Auf der Wand, über ihren Köpfen, schwebt eine Elfe mit Flügeln, die schützend über einer blühenden Rose wacht.

»Das Märchenwesen, das man ruft, wenn man Hilfe braucht«, sagt Andrea, als sie meinen Blick bemerkt. »Egal, ob Kind oder Erwachsener. Eine Elfe kann sich jeder herbeiwünschen.«

Nele und Mia pflichten ihr bei: »Mama, das stimmt! Wir haben das schon ausprobiert! Mancher Wunsch geht gleich in Erfüllung, bei anderen dauert es wahrscheinlich länger. Um alles in Ordnung zu bringen, braucht die Elfe mehr Zeit.«

Ein tolles Abschlussbild, denke ich. In der Küche packe ich meine Sachen. Nele betrachtet interessiert die Objektive, nimmt sie in die Hand, um das Gewicht zu testen.

»Wow, sind die Dinger schwer! Das ganze Zeug musst du immer mit dir rumschleppen?« Sie schaut mich mit großen Augen an.

»Ja«, erwidere ich belustigt. »Ohne geht's leider nicht.«

»Und warum brauchst du gleich mehrere solcher Objektive?«

»Damit ich ob nah oder fern gleich gut fotografieren kann.«

»Sind die einfach zu wechseln?«

»Das funktioniert prima.« Ich greife nach einem langen 300er Objektiv und schraube es auf die Kamera. »Jetzt muss ich weit weggehen. Dann bist du auf dem Foto scharf und der Hintergrund verschwimmt. Das wird ein tolles Bild und sieht richtig edel aus.«

»Habe ich kapiert. Meine Poster an den Wänden sehen so aus.«

Andrea schaut mich mitleidig an und stoppt unser Gespräch: »Jetzt lass ihn in Ruhe, Nele. Du willst aber auch alles wissen!«

Wir verabschieden uns. Nach mehr als drei Stunden, die wir uns Zeit füreinander genommen haben. Andrea gibt mir noch einen ihrer Lieblingssprüche mit auf den Weg: »›Ich möchte lachen ohne Grund, schlafen ohne Gedanken, fliegen ohne Flügel, lieben ohne Morgen und leben ohne Angst!‹« Sie rezitiert diese Worte wie selbstverständlich.

»Bitte bleib, wie du bist«, sage ich. Andrea nimmt meinen Satz als Mutmacher. Sie hat ihn wohl irgendwie erwartet. Andere werden beim Abschiednehmen dasselbe zu ihr sagen. Als ich die Wohnung verlasse, sind Nele und Mia längst wieder in ihren Zimmern verschwunden. Ich höre die Schwestern miteinander flüstern.

Wie stark und kreativ diese junge Mutter ist, geht es mir durch den Kopf. Das habe ich in zweiundzwanzig Berufsjahren noch nicht erlebt.

»Wer schreibt, der bleibt.«

Andrea machte mein erster Besuch in Röcken Mut. »Er gab mir Zuversicht und Trost«, wird sie mir beim nächsten Mal freudestrahlend erzählen. »Journalisten sind doch besondere Menschen: Sie sind Chronisten der Zeit. Wer schreibt, der bleibt. Und vor allem: Es bleiben auch die Menschen, über die berichtet wurde. Das finde ich faszinierend an deinem Job. Mich würde das auch reizen. Ich weiß bloß nicht, ob ich all das Leid ertragen könnte. Du siehst davon so viel. Und nicht immer kann man helfen. Aber das ist ja auch nicht deine Aufgabe.«

Zuhause in Leipzig bin ich gedrückt. Meine Stimmung liegt am Boden. Meine Frau Sylvia gibt mir einen Begrüßungskuss und schaut mir in die Augen. »Das war aber ein langer Termin! Und du bist so anders.«

Sie merkt sofort, hier ist etwas anders als sonst, wenn ich von meinen Begegnungen komme.

Erst am Abend erzähle ich ihr ausführlich von Andrea, ihren Ängsten, ihrem Mut, von den Briefen und Geschenken an ihre Töchter. Ich beschreibe Nele und Mia. Und wie es für mich war, einer jungen Frau zu begegnen, die diesen perfiden Krebs in sich trägt.

Wir beide verstummen, halten uns eine Weile an den Händen. Dann lade ich die Fotos aus der Kamera auf meinen Computer. Nacheinander tauchen sie auf dem Monitor auf. Die grazile und zugleich von der Krankheit gezeichnete Andrea, ihre bildhübschen Töchter. Die Liebe und die Güte einer jungen Mutter als digitale Momentaufnahmen. Herzzerreißende Blicke, Kinder, die sich fest an ihre Mama kuscheln.

Sylvia kann es nicht fassen: »Diese wunderbare Frau und Mutter wird sterben? Das Schicksal wird ihr die Jahre nehmen? Und sie weiß das?«

»Ja«, antworte ich. »Es ist unfassbar.«

Immer mehr Bilder füllen den Monitor. Andrea mal lächelnd, mal ernst, Nele und Mia drücken sich fest an ihre Mutter, als ob sie sie nie mehr loslassen wollen. Auf einem Foto schaut Andrea der kleinen Mia tief in die Augen. Eine Verbundenheit, die raum- und zeitlos wirkt.

Sylvia ist gerührt. »Wie offen sie mit ihrer Krankheit umgeht. Ihre kurzen Haare verraten die Therapie. Sie schämt sich nicht dafür.«

»Ich habe ihr auch von dir erzählt«, sage ich. »Was du beruflich machst, dass du singst. Andrea wollte es genau wissen. Sie hat deinen Künstlernamen schon gehört – NEA! Sie mag Popmusik im Stil der achtziger Jahre. Die guten alten Zeiten sind ihr wichtig.«

Sylvia huscht ein dankbares Lächeln übers Gesicht.

»Einen Song, der ihren Namen trägt, das ist einer ihrer größten Wünsche.«

Sylvia denkt kurz nach, in solchen Augenblicken kommen ihr die besten Ideen. »Das wäre wirklich ein Thema für ein Lied«, stellt sie fest. »Ein Lied für Andrea.«

An jenem Abend im April 2016 wird die Idee geboren, die am 18. August 2017 Gestalt annehmen wird. Ein Lied, das Andreas Namen trägt und ebenso alle Zeiten überdauert wie ihre rührenden Briefe an ihre beiden Töchter.

»Andreas Geschichte inspiriert mich«, sagt Sylvia. »Und wir müssen unbedingt etwas für die beiden Mädchen tun. Kann ich nicht einen Song schreiben und die Tantiemen kommen den beiden zugute?«

Natürlich stimme ich zu. So können wir beide helfen, jeder auf seine Art.

Spät am Abend vibriert mein Handy. Eine WhatsApp-Nachricht von einer mir unbekannten Nummer.

»Das wollte ich Dir noch zeigen«, steht da. Und dazu ein abfotografierter Artikel aus einer Lokalzeitung. Ein Foto zeigt die kleine Mia, die stolz in ihrem Zimmer steht, vor einem aufgebauten Kinderzelt mitten im Raum. Im Text die Bitte um Hilfe beim weiteren Ausbau des Bendrickschen Hofes.

Andrea hat die Nachricht geschickt. Ich hatte ihr meine Visitenkarte dagelassen. Ich sende ihr einen strahlenden Smiley zurück. Ich habe verstanden, was sie mir durch die Blume zu verstehen geben will: »Bitte vergiss nicht, uns zu helfen! Du hast es versprochen!«

Da fällt mir noch etwas ein: »Hallo, ihr Lieben«, tippe ich, »bitte sendet mir noch die Fotos aus dem Krankenhaus, von der Rehaklinik und von eurer Baustelle.« Die Fotos brauche ich, um meinen Artikel chronologisch zu illustrieren.

Andrea reagiert umgehend in ihrer lockeren Art. »Ach ja, mache ich!«, schreibt sie zurück. Vier Tage darauf erreichen mich die Fotos per Mail, sogar mit einer Entschuldigung von Andrea: »Sorry, kam jetzt erst dazu, hoffe, das mit den Bildern hat geklappt. Liebe Grüße!«

Ein Foto zeigt Andrea im Krankenbett, sehr schwach nach einer ihrer insgesamt zehn Chemotherapien. Sie nippt vorsichtig an einer Glasflasche mit Wasser. Nele liegt neben ihr und kuschelt sich eng an ihre Mutter. Ihre Schuhe stehen unter dem Bett. Geteiltes Leid ist halbes Leid.

Ein weiteres Bild zeigt Andrea mit Mia am Tisch im Krankenhaus sitzend. Sie malen zusammen ein farbenfrohes Bild, sind darin vertieft.

»Deinen Beruf könnte ich nicht machen«, unterstreicht Sylvia in diesen Tagen. Sie sagt es immer dann, wenn ich länger von meinen Schicksalsgeschichten erzähle. »Ich würde seelisch kaputtgehen.«

In der Nacht nach meinem ersten Besuch bei Andrea schlafe ich erst sehr spät ein. Andrea und ihr Alltag gehen mir nicht aus dem Kopf.

Andrea, erfahre ich später, ergeht es ähnlich nach unserem Treffen. Sie ist aufgewühlt, angestachelt und sammelt neuen Mut. »Noch am Abend habe ich das Internet durchwühlt, wieder nach anderen Betroffenen gesucht, mit ihnen gechattet und mich ausgetauscht. Ich habe allen von deinem Besuch berichtet – voller Enthusiasmus. Manche dämpften mich in meinen Erwartungen. ›Reporter sind keine Heilsbringer‹, schrieben sie. ›Das kann schon was bringen‹, tippten andere. ›Auf jeden Fall ist es kein Fehler, wenn du dein Schicksal in aller Öffentlichkeit teilst.‹«

Auch Andrea starrt in dieser Nacht noch lange an die Decke und überlegt, ob das alles richtig war. Sie kommt zu dem Schluss, dass mir ihre Idee mit den Briefen an Nelle und Mia imponiert hat.

»Danach bin ich mit einem guten Gefühl eingeschlafen. Selten hatte ich eine dermaßen ruhige und angenehme Nacht.«

»Wir sollten uns nicht länger voreinander verstecken.«

Am nächsten Tag mache ich mich an den Text. Ich tippe die ersten Zeilen in die Tastatur: »Andrea Bendrick aus Röcken ist eine junge Mutter. Sie lächelt, sie scherzt, sie spielt gern mit ihren kleinen Töchtern Nele und Mia. Dabei vergisst sie manchmal ihr hartes Schicksal. Denn die gelernte Heilerziehungspflegerin ist todkrank. Sie gilt als unheilbar: Dass sie überhaupt noch lebt, erscheint nach den Prognosen der Ärzte wie ein Wunder.«

Ich stocke. Mehr und mehr begreife ich: Diese ins Leben verliebte Andrea, die ich gestern kennengelernt habe, ist von den Ärzten austherapiert und aufgegeben. Sie wird sterben. Es ist ein Unterschied, ihr direkt gegenüber zu sitzen, sie voller Energie zu erleben und gleichzeitig zu wissen, Andrea wird diese Welt bald verlassen. Irgendwann in naher Zukunft, vielleicht von einen auf den anderen Tag. Und das ist ihr bewusst.

»Mein Leben ist wie ein Lied von ABBA«, fällt mir ein Zitat aus einem Hollywood-Film ein. Wie im Song »Slipping Through My Fingers«. Durch die Finger rinnt die Zeit. Ein Song über das Erwachsenwerden von Kindern. Und dass Eltern davor Angst haben, wenn Kinder das Elternhaus verlassen wie junge Vögel ihr Nest. Keiner möchte seine Mädchen oder Jungen verlieren, obwohl jeder weiß, dass sie mit dem Alter flügge werden. Was aber, wenn das alles auf den Kopf gestellt wird, wenn eine Mutter wie Andrea den natürlichen Abnabelungsprozess der eigenen Kinder nicht mehr erleben darf? Warum nur kommt mir wieder Friedrich Nietzsche aus Röcken in den Sinn? »Es kommt wohl für jeden eine Stunde, wo er mit Verwunderung vor sich selbst fragt: Wie lebt man nur! Und man lebt doch!«

Alles erscheint so unwirklich, bizarr und verschwommen, als ich die Buchstaben auf der Tastatur berühre und Andreas Krankengeschichte niederschreibe. Ihre ersten Reizungen im Rachen, die ständigen Kopfschmerzen, die einfach nicht verschwinden wollten, die Schluckbeschwerden beim Essen und Trinken. Das erste Mal, dass sie dachte: Hier stimmt etwas nicht mit mir.

Andrea rauchte nie. Auch ihr Bruder Matthias rührte nie eine Zigarette an. Wenn sie als Kinder in Opas Auto mitfahren sollten, weigerten sie sich, suchten nach Ausreden. Weil Opa gern dicke Zigarren rauchte, roch auch sein Auto fürchterlich danach. Für Andrea und Matthias unerträglich. Auch mein Großvater liebte Zigarren, fällt mir vergleichend ein. Ich hingegen mochte diesen besonderen, würzigen Duft des Tabaks. Wenn ich heute genießende Zigarrenraucher im Café sehe, setze ich mich meist neben sie. Ein seltsamer Spleen, ich weiß. Der Rauch erinnert mich an meinen Großvater, er weckt Erinnerungen an meine Kindheit. An die gemütliche Wohnung auf dem Thüringer Land, an den rot überzogenen Sessel neben dem wärmenden Kohleofen. Wo Opa saß und an seiner dampfenden Zigarre zog, die er zufrieden zwischen Daumen und Zeigefinger drehte. Jahrzehntelang. Mein Großvater ist selten krank gewesen und sehr alt geworden. Wer bloß versteht dieses Leben?

Mein Handy surrt. Andrea schreibt. »Das ist aber nicht dein Magazin?«, lese ich, zugegeben etwas verdutzt. Und registriere vor ihrer Frage die Kopie eines Mini-Artikels aus einer deutschen TV-Zeitschrift. Den wenigen Zeilen entnehme ich die Ankündigung eines Fernsehbeitrags über Andrea und ihre Familie. Um den Hilfeaufruf für den Ausbau ihres Hofes. »Nein«, antworte ich. »Das ist nur eine Programmankündigung. Mein Artikel ist noch gar nicht fertig.«

Sie schreibt auf der Stelle zurück, beginnt mit drei lachenden Emojis. »Ich weiß, das kam von einer Freundin, die kurz nach dir da war und meinte: ›Guck mal, dafür hätte er nicht extra Stunden herkommen müssen.‹« Es folgen erneut drei schallend lachende Emojis mit Tränen in den Augen. Und dem Zusatz: »Habe herzlich gelacht!«

Habe ich vorhin nicht getippt, Andrea neige mitunter zu Scherzen? Natürlich sende ich prompt einen lustigen Smiley zurück. Zu gern hätte ich jetzt ihr fröhliches Gesicht gesehen. Und sie sicher meins, wie ich auf den versteckten Witz reagiere, nämlich sehr überrascht. Viel später werde ich feststellen, dass ihre Tochter Nele denselben feinen, hintersinnigen Humor hat.

Meine Geschichte über Andrea und ihre Briefe ist fertig. »Andrea meistert ihr Leben, lacht viel und zieht sich nicht zurück«, formuliere ich am Ende. »Sie hält Kontakt zu vielen Freunden über soziale Medien im Internet.« Ab diesem Tag zähle ich wohl auch dazu. Ich freue mich. Und mir fällt Andreas Reaktion auf dieses Thema ein. Sie haderte damit und war gleichzeitig froh: »Wenn ich nicht krank geworden wäre, hätte ich all die besonderen Menschen nie kennengelernt. Auf Veränderungen im Leben folgen Veränderungen in den Freundschaften. Das eine bringt das andere mit sich. Vielleicht sollten wir uns alle gegenseitig mehr öffnen und entgegenkommen. Sich nicht länger voreinander verstecken. Das wünsche ich mir.«

»Unglaublich, was hier an Briefen reinkommt – so viele liebe Menschen!«

Andrea ist es, die mich am 5. Mai 2016 aus meinem Reportertrott herausholt. Sie schickt abends eine Nachricht: »Dein Artikel erntet Lob ohne Ende.« Dahinter zwei freudig aufgeregte, tanzende Emoticons. Ich schaue zuerst ungläubig auf das Display. Dann freue ich mich auch: Aha, weiß ich, die ersten Artikel sind sicher erschienen. Noch sah ich keine gedruckte Ausgabe mit meinem Beitrag über Andrea, die Belegexemplare der Zeitschriften kommen oft viel später als die eigentliche Veröffentlichung.

Sicher wurde Andrea von ihren Freundinnen informiert. Es sind echte Freundinnen, die sich kümmern. Die für Andrea einfach da sind, sie besuchen, sie aufrichten, mit ihr plaudern. Die helfen, durch den schweren Alltag zu manövrieren. Wie Lotsenboote, die immer einen Weg finden, die flexibel und wendig sind, die klug agieren. Allen Stürmen zum Trotz bahnen sie sich ihren Weg durch die hohen Wellen, um das ihnen anvertraute Schiff sicher in den Hafen zu bringen. Ich glaube, Andrea vergleicht ihre Freunde mit mutigen Lotsen.

Es sind Freundinnen dabei, die Andrea schon seit ihrer Kindergartenzeit in Sachsen-Anhalt kennt. Das ist faszinierend, finde ich. Wie viele Menschen verlieren sich aus den Augen, wenn sie erwachsen werden. Man verlässt das Elternhaus, heiratet, zieht selbst Kinder groß und die alte Heimat wird mit einem Mal ganz klein. Ich erinnere mich, als ich nach vielen Jahren in mein Elternhaus, in dem ich aufgewachsen bin, zurückkehrte. Alles wirkte wie eine Puppenstube, die Zimmer, der Flur, der Treppenaufgang. Zwar immer noch vertraut und doch so vollkommen anders. Meine Erinnerungen schienen überdimensional gegenüber dieser minimalen Wirklichkeit. Es passte nicht mehr zusammen. Geschuldet dem langen Zeitraum der Abwesenheit. Andrea hingegen verlor nie den Faden, nie den Zugang zur Wirklichkeit. Ihre Freunde blieben ewige Freunde. Beneidenswert.

Meine Geschichte über Andrea und ihr besonderes Vermächtnis erscheint in mehreren deutschen Zeitschriften. Redaktionen erklären sie zur Geschichte des Sommers. Andrea reagiert aufgeregt, als ich ihr davon schreibe. Sie bemerkte es aber auch so – die Zugriffe auf die Facebook-Seite »Hilfe für Familie Bendrick« stiegen seither ständig an. »Manchmal waren auch komische Neider dabei«, erzählt sie mir später.

»Wildfremde Menschen, die glaubten, wir bekämen alles geschenkt. Menschen, die alles für halb so schlimm hielten. Dass meine Krankheit, der unheilbare Krebs, nur Vorwand sei, um Hilfe zu erbetteln. Zuletzt habe ich solche Einträge gar nicht mehr gelesen. Ich habe sie ignoriert.«

Ich beschwichtige, in Zeiten des anonymen Internets sei das leider eine typische Erscheinung. Sich verstecken und gleichzeitig austeilen, kein Ruhmesblatt unserer modernen, digitalisierten Zeit.

Umso erfreulicher Andreas Nachricht vom 13. Juli 2016: »Unglaublich, was hier an Briefen reinkommt. So viele liebe Menschen!« Andrea erhält Post aus ganz Deutschland, aus Österreich und sogar aus der Schweiz. Die Leute loben sie, für ihren Mut, ihren ungebrochenen Kämpferwillen, für ihre Idee, auch nach ihrem Tod weiter in den Herzen ihrer beiden Töchter bleiben zu wollen. Mit den Briefen, die sie verfasst hat.

»Unglaublich, was diese Menschen schreiben«, sagt Andrea. »Sie strahlen voller Optimismus, was mich so unendlich reich macht. Ich kenne keinen dieser Menschen persönlich, aber ich fühle mich ihnen allen verbunden. Ich danke ihnen natürlich persönlich.«

Es ist diese positive Ausstrahlung, diese Aura, die Andrea umgibt. Je besser sie sich fühlt, umso stärker scheint sie durch. »Meine Freunde scherzen immer, ich hätte ein typisches Helfersyndrom«, lässt sie durchblicken. Seit ich Andrea kenne, ist mir das klar: Sie ist ein echter Familienmensch, eine Löwenmutter, die ihr Wohl nach den Kindern richtet, alles für Nele und Mia tut, ihnen Liebe, Energie und Ideen schenkt. Auch dann, wenn es ihr selbst nicht gut geht. Vor jeder anstehenden Chemotherapie im Krankenhaus Weißenfels zum Beispiel. »Ich weiß inzwischen, was auf mich zukommt«, räumt sie ein. »Die ständige Übelkeit, die Kopf- und Gliederschmerzen, wie schwach ich bin, mit Schmerzen im Bett liege. Mein Körper läuft einen inneren Amok gegen sich selbst. Mein einziger Trost vor jeder neuen Behandlung: Ich weiß, wie schnell ich danach wieder vergessen werde. Jeder Mensch hat dieses Schutzbedürfnis, schnell zu verdrängen, was er als schrecklich empfindet. Ehrlich, es mag jetzt furchtbar klingen, aber man gewöhnt sich daran.«

Was Andrea im Laufe ihrer mehrjährigen Krebserkrankung ertragen musste, waren schwere Chemotherapien, weit mehr als zehn an der Zahl. »Ich habe irgendwann aufgehört zu zählen!« Jedes Mal das große Hoffen nach der körperlichen Tortur, endlich eine erlösende Nachricht von den behandelnden Ärzten zu erhalten: Die Metastasen seien kleiner geworden, geschrumpft oder gar ganz verschwunden. Dass die Chemotherapie diesmal angeschlagen habe. Dass das Gift aus den Infusionen das andere Gift in den bösartigen Zellen besiegt habe.

Jedes Mal blüht Andrea in solchen Zeiten auf, die sie »Erwartungsmomente« nennt, mit der Ungewissheit im Kopf einerseits, aber auch mit diesem kleinen Stückchen Hoffnung andererseits, einen Silberstreif am Horizont zu entdecken. Andrea konnte dann ihre Kräfte schonen, den normalen Alltag genießen, mit Nele und Mia zuhause sein. Fast ein normales Leben führen, wie es andere Mütter mit ihren Kindern tun.

»Die Hoffnung veränderte mich jedes Mal für einen kurzen Augenblick, machte mich größer und stärker und zuversichtlicher«, wird sie mir über diese Zeit aus jenen Tagen berichten. Und sie listet ihre täglichen Gefühlsschwankungen auf: »Ich schwebe zwischen Enttäuschung, Sehnsucht, Freude und Furcht, zwischen Verachtung, Mitgefühl, Wut und Stolz. Diese Achterbahn der Gefühle muss man aushalten können.«

Ihre Miene wird noch ernster. »Immer wieder habe ich Anlauf genommen und zum großen Sprung angesetzt, um das Bollwerk Krebs zu überwinden. Immer wieder lief ich wie gegen eine betonierte Wand, prallte ab und bemerkte nicht, dass ich in einer Zelle ohne Ausgang, ohne Ausweg saß. Nicht mal ein Notausgang, wie es ihn eigentlich immer und überall gibt, existierte. Der Krebs ist so gnadenlos und hinterhältig. Er hält den Menschen gefangen.«

Eine Zeit lang musste Andrea über eine Magensonde künstlich ernährt werden. Das geschah in der Regel nachts. Flüssignahrung, weil sie nicht mehr schlucken konnte. Um ihre von den Chemotherapien angegriffene Speiseröhre zu schonen.

Und trotzdem kümmerte sich Mama Andrea auch in dieser besonders anstrengenden Zeit. Sie unternahm Fahrradtouren mit ihren Töchtern in die Natur, besuchte ein Erlebnisbad und tauchte ein in ungewohnte Fluten. »Verflucht, ich wollte einfach ein Stückchen Normalität zurück! Die Haare fielen mir damals aus, eine Folge der Chemotherapie. Eine Perücke trug ich nicht. Nele bestimmte das. Ich solle mich mit meinem Makel nicht verstecken, befahl sie. Und sie streichelte mir über den haarlosen Kopf. ›Mami, du bist trotzdem die Schönste!‹«

Die Chemotherapien schlugen nicht an. Immer wieder fanden die Ärzte neue, kleine Metastasen, inzwischen verstreut im gesamten Körper. Andrea wollte sich nicht an diese niederschmetternden Resultate gewöhnen. Sie resignierte nicht. Im Internet suchte sie akribisch und schlaflose Nächte hindurch nach neuen Behandlungsmethoden, tauschte sich in Communities mit anderen Krebskranken aus.

Es ist die Suche nach der Nadel im Heuhaufen. Schließlich sah sie ein, dass die normalen, schulmedizinischen Behandlungen ihr Leben verlängerten. Wenigstens das. Dem unabwendbaren Schicksal ein Stückchen wertvolle Zeit abluchsten. Nicht mehr und nicht weniger. »Damit konnte ich mich bis zuletzt abfinden«, vertraut sie mir an. »Weißt du, jede neue Chemotherapie glich einem eiskalten und herzlosen Winter. Du bibberst am ganzen Körper, aber du trägst die Aussicht in dir auf einen warmen, blühenden Frühling. Auf die ersten starken Sonnenstrahlen, in die du dein Gesicht voller Sehnsucht streckst. Du regenerierst dich, ein kraftstrotzendes Gefühl durchströmt deinen Körper, nicht nur die Schneeglöckchen blühen, nein, auch die Hoffnung sieht wieder eine Chance. Es ist doch eine Gesetzmäßigkeit, dass dem Winter der Frühling folgt. Eigentlich. Wir Menschen, wir alle gehören zu diesen Gesetzen der Natur, sind ein Teil davon. Für mich ist es so schwer, begreifen zu müssen, dass ich außerhalb stehen muss, dass dieses eiserne Gesetz bei mir nicht mehr gelten will.«

»Ich bin organisiert und tollpatschig zugleich.«

»Andrea ist ein Wunschkind«, erzählt ihr Vater Tilo. »Wir dachten uns zwei Vornamen aus, sollte es ein Mädchen werden. Meine Frau favorisierte Viola und ich fand Andrea schön. Schließlich bekamen wir beide unseren Willen, sowohl Andrea als auch Viola trägt unsere Tochter als Vornamen. Streit gab es deshalb nicht, wir waren uns darüber einig.«

Dasselbe passierte bei Sohn Matthias, Mattusch, der mit zweiten Vornamen Ralf heißt. »Matthias kommt von mir und Ralf von seiner Mutter«, schmunzelt Tilo. Andrea und ihr Bruder Matthias sind vom Alter her nur ein Jahr und vier Monate auseinander. »Für Geschwister ist das wunderschön«, findet Tilo. »Sie konnten sich gemeinsam gut entwickeln und zusammen aufwachsen, fast wie Zwillinge.«

Andrea und Matthias hockten von klein auf jede freie Minute zusammen. »Es passt kein Blatt Papier dazwischen.

Kein Dritter von außerhalb besitzt eine Chance, die beiden auseinanderzubringen. Selbst wir als Eltern hatten es da schwer. Sie sind ein Herz und eine Seele. Jede anstehende Entscheidung besprechen sie zuerst untereinander. Jeder steht für den anderen ein, wie die drei Musketiere oder Winnetou und Old Shatterhand.«

Eine Geschwisterliebe, die weit über Andreas Tod hinausreichen wird. Eine besondere Zuneigung, die aus Kinder- und Jugendtagen stammt, aus gemeinsamen Erlebnissen und Abenteuern. »Andrea rettete mir das Leben«, spricht Matthias ein großes Wort. Seine Augen wollen sich für diesen Satz fast schon wieder entschuldigen. Er denkt zurück an einen trüben Novembertag vor knapp drei Jahrzehnten. Es regnete stark, das ansonsten kleine, nicht mal einen Meter breite Flüsschen Rippach trat über seine Ufer und wurde für einen Tag und eine Nacht zu einem reißenden Strom. Andrea und Matthias hielt es dennoch nicht zuhause, die beiden stromerten, eingemummelt in warme Kleidung. Auf einer schmalen Brücke passierte es: Der kleine, anderthalbjährige Matthias rutschte aus und fiel kopfüber in das eiskalte Wasser der Rippach. Er konnte darin nicht stehen, drohte, von den Fluten mitgerissen zu werden. Da packte Andrea beherzt zu und zog ihren kleinen Bruder ans sichere Ufer. »Sie handelte im richtigen Moment, bedacht, mit kühlem Kopf«, sagt Matthias heute. »Obwohl sie selbst noch so klein war. Das muss ein Reflex gewesen sein. Seitdem war sie für mich unantastbar und blieb immer die großartige Schwester, die wahre Wunder vollbringen kann.«

Viele Jahre später revanchierte sich der kleine Bruder. Andrea war spät abends noch mit ihrem alten BMW unterwegs, kam von ihrer Arbeit an der Supermarktkasse und verfehlte den Weg. Sie redete am Handy und bog auf der Strecke nach Hause irgendwo falsch ab. Sie fuhr und fuhr, blieb schließlich entnervt auf einem Feldweg stehen, irgendwo in fremder Einöde. Es war nach einundzwanzig Uhr und stockdunkel. Sie ließ den Motor laufen, rief ihren Bruder Matthias an, mit der letzten bisschen Akkulaufzeit ihres Handys. Sie gab eine ungefähre Beschreibung durch: holpriger Feldweg, weite Wiesen, hohe Bäume, dichter Wald.

Matthias zuckt mit den Schultern: »Ich konnte wirklich nur grob erahnen, wo sie gelandet war. Nämlich mitten im militärischen Sperrgebiet! Sicher war ihr nicht bewusst, dass das verboten ist.«

Er begab sich auf Suche, trichterte seiner Schwester noch ein, unbedingt im Auto zu warten. Auch die Polizei wurde alarmiert, setzte extra ein Fahrzeug mit größerem Radstand ein, einen kleinen Panzer. Andrea war mittlerweile nicht mehr zu erreichen, das Handy war aus, der Akku leer.

Matthias fand nach fast einstündiger Suche Andreas Wagen. Mitten in der Pampa, tatsächlich abgestellt auf einem öden Feldweg, der ins Nirgendwo führt. Die Fahrertür stand offen. Seine Schwester war verschwunden. Er versuchte, den Wagen zu starten. Das Auto sprang nicht mehr an, die Lichtmaschine hatte die Batterie leergesaugt. Im Tank kein Tropfen Sprit. Der Motor ging nach langem Stottern einfach aus.

»Ich hatte ihr noch gesagt, sie solle am Wagen bleiben«, mokiert sich Matthias. »Aber nur so kenne ich meine Schwester: bestens organisiert auf der einen, aber unglaublich tollpatschig auf der anderen Seite.«

Matthias fand schließlich seine durchgefrorene Schwester. Mit dem funktionslosen Handy in der Hand, auf einer abseits gelegenen Wiese stehend. Zitternd, verwirrt, orientierungslos. Wenigstens trug sie ihre selbstgestrickte Mütze mit der roten Bommel, die wie ein Leuchtpunkt im nebligen, düsteren Umfeld ein rettendes Zeichen setzte. Es war halb elf. Die Polizei teilte in jenem Moment mit, Andreas Auto auf dem Feldweg gefunden zu haben.

»Wir mussten schmunzeln an diesem späten Abend, auch wenn uns das Lachen im Halse stecken blieb«, erzählt Matthias weiter. »Für uns war es ein großes Glück, dass ich mit Freunden auf diesem Gelände früher Motorrad fuhr und mich auskannte wie in meiner Westentasche. Sonst hätten wir sicherlich noch die ganze Nacht nach Andrea in diesem unwegsamen Gebiet gesucht.«

»Ich bin ein Papakind – Papas Prinzessin.«

Schon als kleines Mädchen liebte es Andrea, an der Spitze zu stehen. »Sie wollte Lehrerin werden und anderen vermitteln, wo es langgeht«, lächelt Andreas Bruder Matthias. »Sie wollte anderen helfen, etwas zu lernen. Etwas mitzubekommen von der großen weiten Welt und ihren komplizierten Zusammenhängen. Licht ins Dunkel bringen, alles besser verstehen und einordnen können. Darin sah sie ihre Hauptaufgabe. Sehr geduldig ging sie dabei ans Werk. Aufgedrehte Freunde beruhigte sie, das konnte sie wie keine andere schon in jungen Jahren. Ich selbst musste oft als Schüler herhalten, während sie mich streng anschaute und in Mathe oder Deutsch unterrichtete. Sie sah das als ihre wahre Berufung an.«

Andrea berichtet mir während unserer Treffen Ähnliches: »Als junges Mädchen verhielt ich mich wie meine Nele heute. Schule spielen, Mini-Playback-Show nachahmen und Märchen einstudieren und gemeinsam mit meinen Cousins und Cousinen aufführen. Und beim Putzen gab's immer einen festen Plan. Alle mussten mitmachen. Deshalb hatte ich nicht immer Freude mit meinen Verwandten, aber es musste ja gemacht werden.«

Den Sommer verlebten die Bendricks in Trognitz, einem kleinen Ort an der Thüringer Hohenwartetalsperre. Tilo besitzt dort einen Bungalow und ein kleines Motorboot. An sonnigen August-Nachmittagen fuhren sie hinaus aufs Wasser. Andrea liebt das Bootfahren. Wenn es zurück an die Anlegestelle ging, gerade im Sommer die Abende aber noch lange hell waren, dann forderte Andrea vehement kindlich und naiv: Das Boot solle nicht schlafen gehen! Sie wollte weiter auf dem Wasser treiben und ihre Hände in die Fluten tauchen. Sie wollte ihr Gesicht in den Wind halten und dabei die Augen schließen. Träumen auf dem weiten Wasser, bis zum Horizont, das war ihr Ding. Sie wollte schon immer die große Freiheit spüren und von allen Dingen unabhängig sein.

Ihre Freunde in Thüringen nannten sie »Bella«, die Schöne. Anfangs sprach sie ihren Namen noch nicht richtig aus. Dann stotterte sie und stellte sich mit »Ich, Anna« vor.

Inzwischen besitzen die Bendricks ein Motorboot in Werder an der Havel, in Brandenburg. Das ursprünglich »Zico« getaufte Schiff erhält jetzt einen neuen Namen. Es wird »Andrea« heißen. Die Schilder sind schon gedruckt.

»Unsere Nachbarn an der Anlegestelle warnten uns: ›Wenn man ein Schiff umtauft, dann gibt es ein Unglück! Tut das nicht!‹« Tilo schüttelt den Kopf, seine Augen werden rot. »Weißt du, was ich geantwortet habe? Ich sagte: ›Unglück? Ich hatte in den vergangenen Jahren so viel Unglück, da kommt es auf eins mehr oder weniger auch nicht mehr an.‹«

Andrea ist ein Papakind. Papas Prinzessin. Sie betont es immer wieder, auch zuletzt in ihrem Abschiedsvideo. Bereits während ihrer Kindergartenzeit lockte sie ihren Vater samt Polizeiauto in den Kindergarten. Mit Blaulicht fuhr der Autobahnpolizist Tilo Bendrick vor. Die Mädchen und Jungen stellten Fragen, begeisterten sich für den tollen Polizisten in seiner Uniform und für das blinkende Blaulicht. Andrea, klein und schmächtig, hatte dies bei ihren Erzieherinnen durchgesetzt. »Papa ist der Beste«, jubelte sie dann. Und sie war mächtig stolz, auch auf sich und ihr Talent, andere überzeugen zu können.

Manchmal, so erinnert sich Papa Tilo, suchte Andrea nach den richtigen Worten. Fiel ihr eine Bezeichnung nicht ein, hatte sie immer ein Ersatzwort parat, geboren in ihrer Fantasie: »Pomeses«. Andrea redete beim Essen von »Pomeses« statt Spaghetti, beim Spielen von »Pomeses« statt Volleyball, in der Schule von »Pomeses« statt schwierigen Vokabeln einer Fremdsprache. »Als sie längst erwachsen war, kam ihr dieses seltsame Wort weiter über die Lippen, wenn auch nicht mehr so häufig wie als kleines Mädchen«, erzählt Tilo. »Einmal entdeckte ich an ihrem Auto frische Schrammen. Andrea musste das irgendwo unterwegs passiert sein, aber darüber reden wollte sie nicht. Solche Dinge waren ihr eher peinlich und unangenehm. Doch als ich ihr die Beulen im Blech zeigte, wurde sie nervös und haspelte verlegen: ›Na ja, ich streifte dieses ... dieses Pomeses! Dieses verdammte Pomeses!‹«

Es werden diese kleinen Geschichten sein, an die wir uns erinnern, die weiter lebendig sind und unsere Herzen erwärmen. Und die immer ein Stück Andrea bleiben werden.

»Ich liebe alles, was von Herzen kommt.«

Die Zeit zieht unermüdlich ins Land. Es ist ein Schmuddelwinter 2016/2017. Die Temperaturen klettern selten unter null, aber häufig darüber.

Wie an diesem 7. Februar 2017. Andrea schickt eine Nachricht: »Hallo Karsten, vielleicht kannst du mir helfen. Es ist dringend. Liebe Grüße, Andrea.« Ich bin froh, ein Lebenszeichen von Andrea zu erhalten. Zuletzt haben wir zur Jahreswende miteinander telefoniert. Sie erzählte, wie froh und glücklich sie sei, gemeinsam mit Nele und Mia. Freunde hatten in der Zwischenzeit ihr Bad ausgebaut, auch das Ankleidezimmer für Nele war endlich fertig.

Das Weihnachtsfest hatte sie gut und im vertrauten Umfeld verbracht. Ihr letztes Weihnachten. Freunde kamen zu Besuch – Oma Ramona, Opa Tilo und Mattusch sorgten für Gemütlichkeit. »Nele und Mia packten ihre Geschenke aus und stürzten sich begeistert darauf«, erinnert sich Andreas Freundin Ela später. Andrea beobachtete eher aus der Ferne die Szenerie, sie lag auf der Couch in eine wärmende Decke gehüllt. Sie liebte es, ihre beiden Mädchen so glücklich zu sehen. »Im Innersten ging es ihr nicht gut«, wusste Ela. »Sie hing mächtig durch, sie konnte ihre Krankheit nicht mehr ausblenden. Aber sie ließ es sich nicht anmerken.«

An Heiligabend saßen alle auf dem Fußboden und spielten stundenlang miteinander. Ein mir vertrautes Bild. Als ich damals die Fotos gemacht hatte, hatten sie sich auch auf den Fußboden gesetzt und gekichert und gespielt. Es war niemals wichtig, wer am Ende gewann. Hauptsache, die Stimmung passte. Andrea wollte nie die Nummer eins sein. Sie wollte nur weiter dazugehören dürfen.

Es war ein erfüllter Abend. Diese Momente der Vertrautheit, das harmonische Zusammensein liebte Andrea. Die Familie ging ihr über alles. Gerade an Weihnachten, dem Fest der Familie und der Liebe. Den Stunden, die von Räucherkerzenduft durchzogen sind. Heimelige Momente.

»Obwohl und je mehr sich Andrea zurückzog, umso stärker setzte sie sich für ihre beiden Mädels ein. Die Liebe zwischen ihr und Nele und Mia wurde ständig größer«, sagt Ela.

Andrea bereitete das Weihnachtsfest genau vor. Sie bastelte fleißig und ohne Unterlass. »Ich liebe alles, was von Herzen kommt«, sagte sie mir einmal. »Deshalb setze ich mich hin und entwerfe eigene Adventskalender für Nele und Mia. Handgemacht. Die vierundzwanzig Fensterchen fülle ich mit kleinen Säckchen, die eine Aufmerksamkeit enthalten, mehr nicht. Ich glaube, meine Kinder schätzen diese kleinen Dinge mehr, als wenn sie mit teuren, beliebigen Geschenken zugeschüttet würden. Sie wissen: ›Diese kleinen

Aufmerksamkeiten hat Mami extra für uns gemacht. Sie hat sich für uns hingesetzt und stundenlang gebastelt.‹ Dieses Gefühl will ich vermitteln. Das Gefühl, für andere einzustehen. Es geht nicht schöner.«

Andrea schaute an ihrem letzten Weihnachten oft von ihrer Wohnzimmercouch hoch. Sie verfolgte mit allen Sinnen das Treiben ihrer Kinder, die Aufgeregtheit, die einsetzt, sobald das Zauberwort »Bescherung« fällt. Dann schweifte ihr Blick zu den Fenstern ihrer Wohnung und sie betrachtete dankbar den Schmuck, den sie in der Vorweihnachtszeit fabriziert hatte. Funkelnde Sterne und kleine Kränze. Manchmal hatte sie schon im Sommer damit begonnen, wenn an Weihnachten noch nicht zu denken war, denn Andrea wusste um die Endlichkeit ihres Seins. Sie hatte es bei keinem Handgriff vergessen.

An Weihnachten tankte Andrea neue Kraft, die Heimeligkeit des Advents und die innere Einkehr an den Feiertagen bestärkten sie im Willen, Neues zu probieren, minimale Chancen zu nutzen. Sie durchkämmte das Internet nach Alternativen. Freunde schickten ihr Schwarzkümmelöl. Eine Zeit lang sah sie es als Allheilmittel. »Viele Studien haben die Wirkung bei Tumorerkrankungen bestätigt«, freute sie sich. Andrea sprach von überraschenden Therapieergebnissen, davon, dass das Immunsystem gerade nach Chemotherapien nachhaltig wiederaufgebaut werde. »Ich habe eine gute Chance, meine Lebenserwartung dadurch steigern zu können«, hoffte sie. »Jeden Morgen einen Esslöffel Schwarzkümmelöl und ich darf etwas älter werden! Das wird schon funktionieren!«

Ihre Freunde ließen ihr eine große Flasche mit Schwarzkümmelöl zukommen, Andrea schenkte ihnen eine kleine. »Es schmeckte furchtbar«, erinnern sich Ela und Micha. »Aber Andrea belehrte uns: ›Nehmt es regelmäßig, es wirkt auch vorbeugend. Dadurch bleiben euch meine täglichen Qualen erspart. Vertraut mir! Da bin ich bestens informiert.‹«

»Ich will nicht jammern, sondern kämpfen.«

»Sehr gerne«, tippe ich auf ihren Hilferuf am 7. Februar zurück. Und frage: »Was gibt es denn?«

Sie antwortet zügig: »Dumm ist, dass der blöde Krebs weiterwächst. Ich brauche jemanden, der sich traut, mich zu therapieren. Gerade jetzt kann ich die Mädels noch weniger zurücklassen. Ich will nicht jammern, sondern kämpfen.«

Andrea sucht wieder die Öffentlichkeit. Sie will nach vorne gehen. Nicht aufgeben, sondern auf ihre verfluchte Krankheit pfeifen, den beiden Mädchen einfach eine gute Mutter sein. Und sie vertraut mir. Ich weiß, dass ist nicht selbstverständlich. Ich antworte ihr: »Okay, da machen wir noch eine Geschichte. Darin schildern wir die aktuelle Situation und suchen zeitgleich eine Fachklinik. Lass uns doch einen Termin vereinbaren ...«

Begeistert schickt Andrea küssende Smileys. Und: »Jaaaa – tausend Dank!«

Wir verabreden uns für den 14. Februar 2017 in Röcken. Ich freue mich. Obwohl mich ein seltsames Gefühl beschleicht. Bäumt sich Andrea ein letztes Mal auf? Stemmt sie sich mit letzter Kraft dem Unausweichlichen entgegen?

Von Mattusch weiß ich, dass Andreas Ansinnen nicht von ungefähr kommt. In den letzten Wochen telefonierte sie mit Ärzten in ganz Deutschland, vom Schwarzwald über Bayern bis Berlin. Andrea bettelte um Hilfe. Um eine letzte Chance, um einen Ausweg. Die Wochen vor ihrem Tod beschäftigte sie sich mit neuen Therapien und anderen, ausgefallenen Heilmethoden.

»Ich möchte noch Zeit gewinnen«, betonte sie. »Einfach nur ein bisschen Zeit. Ist denn das zu viel verlangt?« Sie tauschte sich mit anderen Betroffenen aus und erfuhr: »Bei Krebs hilft nicht allein die Medizin. Jeder muss diesen Kampf selbst gewinnen wollen. Das heißt: Den Schmerz annehmen und alle Gefühle zulassen! Wer sich selbst aufgibt, hat schon verloren.«

Andrea machte Termine in Kliniken und Therapiezentren. Sie legte den Telefonhörer nicht aus der Hand.

Mattusch musste sie fahren, er war wieder ihr Chauffeur, wie er es in ihren frühen Jugendtagen, der unbeschwerten Zeit, gewesen war. Nach München, nach Berlin, nach Thüringen brachen sie auf. Zu echten Krebs-Spezialisten, Koryphäen auf ihrem Gebiet, und zu solchen, die damit angeben, es zu sein. Sie stieß auf Quacksalber, Auraheiler, Hoffnungsverkäufer und elende Klugscheißer.

Andrea kennt sich inzwischen aus mit ihrer verdammten Krankheit. »Manchmal kam ich mir in den Gesprächen vor wie der Fachmann. Meine Gegenüber schockierte ich oft mit meinem Wissen, dass ich mir über die Jahre angelesen hatte. Was mir in jenem Moment gut tat, nämlich einmal eine Überlegenheit zu spüren, bereute ich zuhause bitter. Denn es brachte ja nichts. Außer Spesen nichts gewesen.«

Ihrer aufmerksamen Nele entgingen diese Ausflüge nicht. Wenn sie sich in aller Frühe verabschiedete, drückte Nele ihre Mama und trug große Hoffnung in ihren Augen. »Und wenn ich fix und fertig vom anstrengenden Ausflug zurückkehre, oft sehr spät in der Nacht, erkennt Nele sofort: ›Mama war wieder mal schlauer als alle Ärzte. Und gebracht hat es nichts.‹ Die immer wieder aufs Neue schwindende Hoffnung – das hat sie Tag und Nacht beschäftigt. Als Kind hilflos zu sein, nur zusehen zu können, das ist nicht ihr Ding. Sie will handeln und irgendwie ihrer kranken Mama helfen.«

Ich fühle mich als Andreas Vertrauter. Sie setzt Hoffnungen in mich und meine Möglichkeiten. Ich weiß nicht, ob ich Andreas Wunsch erfüllen kann, dazu in der Lage bin. Aber Andreas ungebrochener Kampfgeist steckt ohne Zweifel an.

»Ich kann dich jedem guten Gewissens empfehlen«, teilt sie mir mit. Ja, ziehen wir gemeinsam in den Kampf. »Allein hat man kaum eine Chance, aber gemeinsam ist man eine Macht«, predigt Andrea.

Am Morgen des 14. Februar 2017, am Valentinstag, schickt sie eine Nachricht: »Guten Morgen, doch noch eine Frage: Sollen beide Kids da sein? Würde Mia sonst erst um vierzehn Uhr nach dem Schlafen aus dem Kindergarten holen lassen.«

Ich antworte gleich: »Ja, bitte beide Kinder. Soll ich später kommen? Um 14.30 Uhr?«

Andrea ist froh und schreibt zurück: »Ja, ist viel besser. Nele muss um 15.30 Uhr los zum Tanzen, schaffen wir aber, denke ich. Dann holt mein Papa Mia, sobald du da bist. Dass wir erstmal kurz schnattern können. Bis nachher!«

Andrea wollte es noch mal wissen. Kämpfen – ihr Lieblingswort. Nach mehr als zehn kräftezehrenden Chemotherapien, nachdem sie alle Ärzte aufgegeben hatten. Andrea, für die Fachleute ein hoffnungsloser Fall für die Klinikakten.

»Ich brauche jemanden, der sich traut, mich zu therapieren«, bittet sie um meine Hilfe. »Ich dachte an dich, wegen deiner Kontakte zu Zeitungen und Zeitschriften. Vielleicht gibt es einen Weg, etwas Breiteres zu erreichen. Ich habe schon diverse Kliniken besucht und angeschrieben, ohne Erfolg. Ich will nicht jammern, sondern kämpfen. Aber ich brauche jemanden, der mit mir in den Kampf zieht.«

Wir machen es uns wieder in der Küche gemütlich. An dem stämmigen Tisch, an dem Andrea stets mit dem Rücken zum Fenster sitzt. Die Beine übereinandergeschlagen, aufmerksam zuhörend, ab und zu im Tee rührend. Der Krebs streute weiter, in Lunge, Gehirn, Leber. Andrea erzählt es wie nebenbei, es ist ihr unangenehm. Sie steht mit dem Rücken zur Wand.

»Heute konnte ich wenigstens aufstehen, da passt es gut, dass du hier bist«, beginnt sie das Gespräch. Sie spricht leise, heiser fast. Der Nasen-Rachen-Krebs, die Chemotherapie, das kostet Tribut. »Die letzten Tage waren wieder schlimm. Schmerzen ohne Ende.«

Wir sind verhaltener als sonst. Die Stimmung ist gedrückt. Sie erzählt von einer alternativ therapierenden Klinik in Thüringen. »Die wollten für sechs Wochen Aufenthalt achttausend Euro.« Sie stockt. »Das kann ich mir nicht leisten.« Und nach einer weiteren Pause: »Das ist unverschämt.«

Andrea blüht erst auf, als Mia aus dem Kindergarten kommt. Sie hat ein kleines selbstgebasteltes Geschenk dabei und reckt es stolz in die Kamera. Eine papierne Karte, mit Handabdruck in Farbe und den Worten: »Alles Liebe zum Valentinstag! Deine Mia!«

Andrea nimmt Mia auf den Schoß, drückt sie fest an sich. Streichelt ihre kleine Tochter, die sich an ihre Mama schmiegt. Für einen kurzen Moment wirkt die starke Andrea gedankenverloren und allein. Das Klicken meiner Kamera bemerkt sie nicht.

Wir gehen in Neles Kinderzimmer. Es ist toll geworden. Wo zuletzt noch ältere Möbel standen, leuchtet nun alles in unschuldigem Weiß. Die kleine Kommode neben dem Bett, darauf die Stehlampe mit dem weißen Schirm.

Nele wirkt aufgedreht. Sie weicht ihrer Mama nicht von der Seite, plappert, weist ihre kleine Schwester Mia zurecht. »Nele nimmt schon mal die Mutterrolle ein«, flüstert mir Andrea zu. Andrea und ihre Töchter setzen sich aufs Bett. Andrea umfasst die kleine Mia, Nele beugt sich zu ihrer Mutter. Sie lächelt. Andrea drückt ihr einen zärtlichen Kuss auf den Kopf.

»Du merkst doch auch, dass ich meine beiden Prinzessinnen nicht allein lassen kann, nicht jetzt«, sagt sie mir nur wenig später am Küchentisch. Ich mache noch eine Großaufnahme, ein Porträt. Die Mama und ihre beiden Töchter, dahinter sieht man Neles farbigen Globus.

Ein Foto voller Zuversicht und Hoffnung. Ich bin in diesem Augenblick stolz, dieses Vertrauen zu erhalten.

Es werden die letzten Fotos eines Reporters von Andrea und ihren Kindern sein. Eine Tragödie, die sich hinter dem Lächeln versteckt. Gleichzeitig sprechen Mut und Kampf aus diesen Bildern. Andrea hat noch nicht genug. Es kann niemals genug sein, nicht für Andrea.

In Mias Kinderzimmer geht es weiter. Inzwischen steht dort eine Schaukel. »Mia, zeig mal, wie schön du schaukeln kannst«, sagt Andrea und setzt ihre jüngere Tochter auf den grün leuchtenden Plastiksitz. Mia holt Schwung, angeschubst von Nele und ihrer Mama. Mia quiekt vor Freude. Andrea hat sich sachte hinter die Schaukel gekniet und beobachtet. Dann lächelt sie in die Kamera – ein befreiendes, glückliches Lächeln. Die Kinder sind ihre Welt, weiß ich. Sie würde alles für sie tun.

Ich muss an dieses geflügelte Wort denken: »Für meine Kinder würde ich sterben!« Das habe ich oft gehört, oft notiert, aber nie richtig ernst genommen. Andrea würde ebenfalls für ihre Töchter sterben. Aber in ihrem Fall sieht es anders aus.

Nele hält die schwingende Schaukel an, weil Mia übertreibt. »Nicht so hoch, Mia. Wenn du runterfällst, tust du dir sehr weh!« Nele entwirft lieber ein eigenes Fotomotiv.

Sie stellt sich hinter Mia auf den Schaukelsitz und zieht sich an den Seilen hoch. »Fertig«, gibt sie das Kommando und schaut direkt ins Objektiv. Nele hat die Oberhand, Mia wirkt verträumt. Andrea sichert die Schaukel von hinten ab. Jetzt schaukeln beide, Mama ist der Antreiber. Nele setzt sich auf die Treppe zu Mias Rutsche. Sie kneift die Lippen zusammen, bekommt rote Wangen und lächelt. Sie lässt sich gern fotografieren. Neben ihr hängt ein gezeichnetes Bild ihrer Mutter an der Wand. Das Haar ist farblich zweigeteilt, in blau und violett. »Eine Freundin hat es gemalt«, erklärt Andrea, noch ehe ich nachfragen kann.

Wenn Nele und Andrea lächeln, sehe ich ihre verblüffende Ähnlichkeit. Mein Eindruck bestätigt sich im Flur, dort hängt ein kleines Foto von Andrea, auf dem sie vielleicht zwölf Jahre alt ist. Eine Blaupause für Nele. Die alle Familienmitglieder zum privaten Schulunterricht verdonnert, wie es auch einst ihre Mutter tat. Und Andrea fördert das.

Im Wohnzimmer ist deshalb eine große Schultafel angebracht worden. Nele wandelt sich dort von der Schülerin zur gestrengen Lehrerin, die mit verschränkten Armen und ernstem Blick am Tafelrand steht. Meist muss Mama Andrea ran. Sie muss vorsichtig anklopfen und darf erst eintreten, wenn Nele in gesetztem Ton »Herein!« ruft. Dann setzt sie sich auf einen der zwei Ministühle, breitet ihre Schreibsachen auf dem kleinen Tisch davor aus und wartet gespannt auf Neles Anweisungen.

Nele schreibt gern Klassenarbeiten, Leistungskontrollen und Diktate nach Zeit. »Dabei zitiert sie aus ihren eigenen Schulheften«, verrät mir Andrea. »Sie schafft ihr Pensum tatsächlich in einer Dreiviertelstunde, also eine wirkliche Unterrichtsstunde lang. Das Zeitgefühl hat sie verinnerlicht.«

Und sie teilt Zensuren aus, wer quatscht wird erbarmungslos ermahnt. »Ich glaube, es wird sich nichts mehr an ihrem Berufswunsch ändern«, meint Andrea. »Diese Dickköpfigkeit hat sie von mir. Was sie sich einmal vornimmt, setzt sie durch, ob früher oder später.«

Wir lassen die beiden Mädchen allein weiterspielen. Andrea bittet mich wieder in die Küche. Sie will kämpfen – um die Fortführung genau jener Momente, die ich gerade mit meiner Kamera einfangen durfte. Sie will reden. Über ihre Vorbereitungen auf den Tod. »Alles muss geregelt sein, wenn es so weit ist«, sagt sie. Sie zählt auf, was sie alles erledigt: »Ich plane alles durch, überlasse nichts dem Zufall. Meine spätere Ruhestätte habe ich mir angeschaut, der Friedwald in Freyburg an der Unstrut ist wunderschön und still. Meine Todesanzeige für die Zeitung habe ich selbst entworfen und ich habe ein Video aufgenommen. Darauf verabschiede ich mich persönlich bei meiner Trauerfeier – eine Kopie auf DVD gebe ich dir dann mit. So wird dieser Tag etwas ganz Besonderes, auch für mich, weil ich auf diese Weise noch einmal bei meinen Liebsten sein kann. Und meine beiden Mädels können sich das Video wieder und wieder anschauen, können ihre Mama sehen und hören, was ich aus meinem Leben erzähle. Sie tragen mich danach weiter in sich, da bin ich mir sicher.«

Andrea erzählt weiter: »Den Ablauf meiner Trauerfeier habe ich auch schon im Kopf, plane die Details aber noch. Ich lasse dich selbstverständlich wissen, wenn ich damit fertig bin. Ich weiß, dass die Zeiger unaufhaltsam ticken. Ich muss mich ein wenig beeilen.«

Andrea spricht ruhig und gesetzt. Während mich ein solches Gespräch unter anderen Umständen vielleicht entsetzen würde, reagiere ich in Andreas Nähe gelassen und höre aufmerksam zu. Dieser offene Umgang mit dem Thema Sterben fasziniert mich. Andrea gelingt es, sich nicht in das Unabwendbare hineinzusteigern, sie schafft es, die Balance zu halten. Sie läuft mit nackten Füßen über glühende Kohlen und zuckt nicht mal dabei.

Für mich ist Andrea ein Phänomen. Trotzdem merke ich, wie mich dieses Thema, das für viele ein Tabu ist, auch belastet. Zu sterben ist das Normalste der Welt, sage ich mir, wenn ich Andrea zuhöre. Ab dem Moment unserer Geburt bewegen wir uns auf den Tod zu. Er steht bei jedem von uns vor der Tür, früher oder später. Dieses Gesetz ignorieren wir dennoch, wir wollen uns nicht damit abfinden. Wir erfinden lieber das ewige Leben nach dem Tod.

Wieder fällt mir Nietzsche ein, der nur wenige hundert Meter von Andreas Wohnung begraben liegt. »Man soll den Tod nicht überwinden«, schrieb er. »Aber wohl bestehen lernen.«

Andrea wird ihren Tod bestehen, da bin ich hundertprozentig sicher. »Weißt du, es ist ein herrliches Gefühl, alles gut und akribisch vorbereitet zu haben«, fasst sie zusammen. »So fällt mein Abschied nicht so schwer. Ich bin furchtbar stolz, dass ich Nele und Mia habe. Die beiden sind ganz entzückend und ich weiß, dass sie auch ohne ihre Mama alles ganz, ganz wundervoll hinkriegen werden.«

An diesem Valentinstag will ich noch einmal helfen. Nach ausgewiesenen Fachkliniken suchen, öffentlich in einem Artikel. Deutschlandweit und auch im Ausland. Das funktioniert häufig. Wenn ich über Kinder mit seltenen Gendefekten berichte, sind gerade Spezialisten aus dem Ausland sehr gefragt. Mancher Gendefekt kommt nur fünf Mal auf der Welt vor – kein lukratives Forschungsgeschäft für die Pharmaindustrie. Dennoch gibt es Experten, die auch diese Kinder nicht aufgeben wollen. Aus Idealismus, aus Berufsethos, aus Ehrgeiz. Bei Krebs gibt es inzwischen eine Menge an alternativen Heilmethoden zur Schulmedizin, eine Gratwanderung zwischen Scharlatanen, Schamanen und guten Therapien, die aber von keiner Krankenkasse bezahlt werden. Ein Dilemma. Wie ein unaufgeräumtes Warenhaus der tausend guten Dinge. Andrea befindet sich mitten darin. Aufgegeben von der herkömmlichen Schulmedizin ist sie auf sich allein gestellt. Krankenkassen interessiert es nicht, wirklich alles für eine junge Mutter zu versuchen, die zwei kleine Töchter hat. Eine Alternative für sie gibt es nur dann, wenn diese dem finanziellen Reglement entspricht. Doch nichts scheint sicher.

»Wir werden sehen, ob sich jemand auf den Artikel meldet«, sage ich vorsichtig. »In der Vergangenheit war das häufig der Fall.«

Andrea bedankt sich überschwänglich. »Ich wusste, ich kann mich auf dich verlassen«, betont sie. »Ansonsten kenne ich keinen, der größere Beziehungen nach draußen hat. In der Region habe ich ja alles schon abgegrast.«

Andrea ist auf dem Sprung. Es ist wieder spät geworden. Die Mädchen sollen bald Abendbrot essen.

»Liebe Grüße auch an deine Frau«, sagt sie plötzlich und ihre Augen blitzen. »Die Idee mit dem Lied für mich wäre super. Das kannst du ihr ausrichten. Ich würde mich sehr freuen.«

»Ich erinnere sie sehr gerne daran«, sage ich schnell.

Ein Lächeln huscht über ihr Gesicht. »Auch ein Song wird bleiben. Denn sind es nicht schöne Lieder, mit denen wir Erinnerungen verbinden und die ewig in unserem Kopf bleiben?«

Darin sind wir uns einig. Sie hat ja so recht.

»Ich bin doch schon so weit gekommen.«

Mir fallen Andreas Grüße an meine Frau Sylvia wieder ein. Kaum ausgerichtet, schnappt sich Sylvia ihre weiße Gitarre aus dem Ständer im Wohnzimmer und beginnt zu spielen. Eine gefällige, eingängige Melodie. Sie summt, schließt dabei die Augen. Beim Refrain setze ich mich zu ihr.

»Dieses Lied soll für Andrea sein«, erklärt sie. »Ich habe daran gearbeitet, während du unterwegs warst.« Sie zupft die Saiten der Gitarre, das Lied erklingt erneut. Unsere Terrassentür steht offen, unsere Nachbarn bleiben für einen Moment stehen und lauschen. Der Song geht unter die Haut, ergreift mich. Ich muss schlucken, weil ich natürlich an die mutige Andrea denke.

Unsere Nachbarn kennen die Geschichte nicht. Sie gehen weiter. Wir beide weinen. Sylvia hat Mühe, konzentriert weiterzusingen. Es überwältigt uns. Nichts kann ein Herz so erweichen wie eine Melodie.

»Das klingt gut, das klingt wirklich gut«, sage ich schließlich. »Eine Melodie, die im Ohr bleibt, die Andrea angemessen ist.« Als der letzte Ton verhallt ist, sitzen wir noch eine Weile still zusammen. Dann schlage ich vor: »Du musst Andrea unbedingt persönlich kennenlernen. Nimm deine Gitarre mit und spiel ihr deine Melodie vor. Andrea wird sie sicherlich lieben.«

Doch Sylvia ist Perfektionistin. »Erst, wenn der komplette Text steht«, antwortet sie. »Ich gehe nicht gern mit halbgaren Sachen raus. Das kennst du ja. Ich denke, spätestens im Mai ist alles rund, vorher aber nicht. Dann können wir gern nach Röcken fahren und meinen Song vorstellen. Auf Andrea bin ich sehr gespannt, eigentlich gehört sie fast zu unserer Familie. Wie oft sitzen wir hier und reden über sie? Fast jeden Tag!«

Meine Frau hat recht. Andrea hat sich in den letzten Monaten in unseren Alltag, in unsere Köpfe und Herzen geschlichen. Wir ertappen uns, ihre Geschichte ständig Freunden und Bekannten zu erzählen. Dafür brauchen wir keinen Anlass mehr. Es sprudelt aus uns heraus.

Wir erleben dabei immer dieselbe Reaktion: Bewunderung für Andrea und tiefe Demut. Manchmal zeigen wir Fotos von Andrea und ihren Töchtern. Erst dann merken viele, wie nah uns diese Geschichte geht.

Von Andrea höre ich eine Weile nichts. Vielleicht geht es ihr zurzeit nicht gut, denke ich. Ich kenne diese Phasen mittlerweile. Das Auf und Ab, die gesundheitlichen Rückschläge. Aber Andrea ist eine tapfere Kämpferin, die gibt nicht auf, das weiß ich. Ich verschwende keinen einzigen Gedanken daran, ob das Unausweichliche eingetreten sein könnte. Ich verdränge das. Ich mache mir keine echten Sorgen um Andrea, das ist so ein Bauchgefühl, auf das ich mich verlassen kann. Jeder Tag, den Andrea weiterlebt, ist ein gemeinsamer Tag mit ihren Töchtern, mit Nele und Mia. Ein Tag, vierundzwanzig Stunden, an denen die drei Zeit miteinander verbringen, die kostbar für sie ist, wie eine Oase mitten in der Wüste, die langsam auszutrocknen droht und in der jeder weitere Tropfen Wasser wertvoller wird.

Tage später, am 30. März 2017, bingt nachmittags mein Handy. Ich kenne diesen Ton. Eine persönliche Nachricht bei Facebook. Andrea schreibt nur einen Satz: »Es wird soooo toll werden.« Was sie damit meint, wird mir erst klar, als ich das angehängte Foto öffne. Abgelichtete Notizen auf dem mir inzwischen bekannten Karomuster-Schreibblock. Es ist Andreas Handschrift, unverkennbar. Ich glaube zuerst nicht, was ich mit schnellem Blick lese. Es ist der komplett durchgeplante Ablauf ihrer Trauerfeier. Sie hat ihn mir angekündigt.

»Beerdigung«, steht über den Zeilen, das Wort einmal unterstrichen. Darunter teilt sie tabellarisch auf in Kids, Erwachsene und Alle.

Für die Kids plant sie eine Hüpfburg, einen großen Luftballon und mit Helium gefüllte, knallbunte Ballons, die mit einem Wunschzettel in den Himmel steigen sollen. Dazu eine Art »Kino«, wie es Andrea nennt. Darin gezeigt werden alte Kinderbilder von Andrea. Für die Erwachsenen stellt sie

Fotoalben bereit, ein Buch, in das sich alle Teilnehmer der Feier eintragen sollen, mit einem Spruch und einem Bild, ein Video, zur Einleitung einen Spruch über Andrea aus der Abiturzeitung.

»Vergrößern plus Kopieren plus Aufhängen«, merkt sie an. Sie wünscht sich eine lebendige Gesprächsrunde. »Wer weiß das Lustigste?«, fragt sie. Sie fordert die Teilnehmer ihrer Trauerfeier zur Diskussion auf. Typisch Andrea, denke ich. Ihre Berufung, Lehrerin zu sein, kommt wieder durch. Die Notizen enden mit dem »Auftritt der Cheerdancer«. Unter ihre Aufzeichnungen malt Andrea ein großes Herz. Es ist nach unten offen.

Andrea schrieb diese Nachrichten in ihrem Wohnzimmer. Eingerollt unter einer Decke dachte sie wieder über ihren Abschied nach. Es war die Zeit, als sich ihr Bauch literweise mit Wasser füllte, ihr Leben zunehmend unerträglicher wurde. Sie schlief viel und ihre Freundin Ela besuchte sie fast täglich, um bei jedem Handgriff zu helfen. »Sie konnte nur schwer kauen und schlucken. Es ging ihr einfach schlecht.« Ela denkt später ungern an diese Zeit zurück. »Wir wussten und ahnten es alle: Andrea wird diesen Sommer nicht überleben.«

»Ich bin doch schon so weit gekommen«, motivierte Andrea sich in solchen Augenblicken. »Und jetzt bringe ich mein Leben geordnet zu Ende.«

Ich bin hin- und hergerissen. Einerseits froh darüber, dass sich Andrea wieder meldet. Dass sie ein Lebenszeichen von sich gibt. Andererseits lähmt mich das Schreiben. Denn Andrea scheint Abschied nehmen zu wollen.

Sylvia merkt, dass es mir nicht gut geht.

»Schau dir das an«, stottere ich und zeige ihr Andreas Notizen.

»Was ist das? Ein Plan für die Beerdigung? Von Andrea selbst geschrieben?«

Ich nicke. »Andrea ist eben anders«, versuche ich eine Erklärung, während Sylvia mit ihren Fingern über das Handydisplay scrollt. Sie vergrößert jedes Wort, zoomt an die Überschrift »Beerdigung« heran, weil sie es einfach nicht fassen kann.

»Was willst du jetzt darauf antworten?«

»Ich habe keine Ahnung.«

Sylvia überlegt. »Glaubst du, sie will sich etwas antun?«

»Niemals! Das ist bei Andrea ausgeschlossen. Das würde sie ihren Töchtern niemals zumuten.«

»Okay. Ist ja auch alles nicht so einfach«, tippe ich schließlich als Antwort. Ein blöder, nichtssagender Satz. Andrea beschäftigt sich mit ihrem Tod und ich weiß nicht, wie ich damit umgehen soll.

Niemand kennt eine rechte Antwort. Für mich ist wichtig, dass mich Andrea als Vertrauten und Freund respektiert. Ich gehöre zu ihrem kleinen Kreis, der alles erfahren darf.

Andrea nimmt mir meinen belanglosen Satz nicht übel, sie antwortet umgehend: »Ja, ich bin total froh, dass ich die Möglichkeit habe, alles vorzubereiten und mich zu verabschieden.«

Ich schreibe nicht mehr zurück. Es ist irgendwie alles gesagt. Andrea bringt ihr Ableben mehr und mehr ins Spiel. Es beschäftigt sie. Es beherrscht sie. Wie ein Damoklesschwert schwebt es über ihr.

Es sind die Vorboten, die Menschen spüren, wenn es bald so weit ist. Ich erinnere mich an einen Bekannten im hohen Alter. Sein Hobby: Ahnenforschung. Er wollte unbedingt der Älteste seiner Familie werden. Seinerzeit zeigte er mir den weitverzweigten Stammbaum seiner Ahnen, der bis ins 11. Jahrhundert zurückging, und fieberte jenem Geburtstag entgegen, der ihn zum Familienältesten machen würde. Nur zwei Tage nach seinem Ehrentag, er wurde weit über achtzig Jahre alt, legte er sich ins Bett und stand nicht mehr auf. Friedlich schlief er ein.

Bis heute ist es mir unverständlich, wie ein Mensch seinen eigenen Tod nahezu auf den Tag vorausbestimmen kann. Vielleicht schlummert diese Vorahnung in uns allen, doch nicht jeder kann sie erfühlen.

Meine Vorahnung mit Andrea scheint sich zu bestätigen: Zwei Tage später, am 1. April 2017, mitten in der Nacht, knarrt laut mein Handy. Halbwach schaue ich kurz aufs helle Display.

Eine WhatsApp-Nachricht. Um diese Zeit, wer soll das sein?, frage ich mich, es ist kurz vor drei Uhr. Da gibt mein Handy erneut ein Geräusch von sich. Ich richte mich auf, nehme das Telefon zur Hand. Natürlich, alles klar: Andrea ist noch wach. Sicher kann sie wieder nicht schlafen, die Schmerzen im Bauch, die unruhig kreisenden Gedanken.

Sie hat mir nur einen Satz geschrieben, am Ende versehen mit zwei Ausrufezeichen, als wolle sie endgültig einen dicken Schlusspunkt setzen. »Die Trauerfeier ist endlich fertig durchgeplant, sie wird mega!!«

Ich weiß nicht, was ich davon halten soll. Vielleicht ist es ein Hilfeschrei, wenn die letzte Hoffnung zu sterben scheint. Oder die drohende Gewissheit, den unerbittlichen Kampf zu verlieren, wenn die Kräfte nicht mehr reichen. »Kämpfen heißt leben. Und leben heißt kämpfen«, fällt mir ein Spruch ein, den Andrea bei unseren Gesprächen immer wieder zitierte.

»Zeit, ein Geschenk, das leider nicht übertragbar ist.«

Es ist Anfang Mai, der Wonnemonat. Der Monat, in dem geheiratet wird, in dem Muttertag gefeiert wird. Draußen zwitschern die Vögel, der rotköpfige Buntspecht schaut wieder vorbei nach den trüben Tagen, am Rande unserer Terrasse keimt der mannshohe Fliederbaum. Der Knospenknall – in jedem Frühjahr eine wundervolle Zeremonie. Die Menschen lachen wieder öfter. Es bricht die Zeit der Hoffnung an.

»Diese Stimmung beflügelt mich«, fallen mir Andreas Worte wieder ein. Sie liebt den Frühling. Sie liebt die verrückte Zeit, wenn die Hormone tanzen.

»Ich werde agiler, möchte einfach öfter raus, die eigenen vier Wände verlassen. Vor der Tür schnuppere ich die frische Luft, streiche über die zarten Blüten der Schneeglöckchen und Krokusse. Ich möchte so viel unternehmen. Es ist ein wunderschönes Gefühl, wenn ich mich fertigmache und

Mattusch mit seinem Auto vor der Tür wartet, damit wir aufbrechen können. Hinaus in die Natur, wo die Bäume aus ihrer Haut fahren, sich ein Gefühl von Freiheit um die Nase wehen lassen. Dann streifen meine Augen die aufblühende Landschaft, das Grau verschwindet und ich mobilisiere meine letzten Kräfte. Frühling bedeutet Aufbruch, selbst für mich in meiner Situation. Diese Jahreszeit übertüncht meine Sterblichkeit, sie ist eine Auferstehung für mich. Sehr gerne möchte ich mich weiter von Frühling zu Frühling hangeln. Über zwölf Monate hinweg. Am liebsten würde ich hunderte Frühlinge erleben, aber nur einen Herbst. Denn jeder neue Lenz ist für mich ein neuer Anfang.«

Das sagte Andrea vor einem Jahr. Warum sollte es diesmal anders sein?

Ich sende meinen Artikel über Andrea an verschiedene Redaktionen. Zuvor telefonierte ich mit Fachkliniken, machte mich kundig. Ich will ihr unbedingt helfen. Alternativen gibt es, auch für scheinbar aussichtslose Fälle. »Es ist nie zu spät, weiter zu kämpfen. Bin ich längst schon unten und jemand reicht mir einen Strohhalm, dann greife ich danach und versuche, mich daran hochzuhangeln.« Das ist Andreas Motto.

Mein Artikel kreist um die Therapiesuche, verpackt in einen Spendenaufruf. Ich erzähle noch einmal die Geschichte von Andrea, appelliere an Ärzte, damit sie sich herausgefordert fühlen: Seht euch diese junge, tapfere Mutter an! Rettet sie! Versucht es! Sie hat es verdient, verdammt noch mal.

Seit über einem Jahr stehen Andrea und ich in Verbindung. Eine intensive Zeit und eher ungewöhnlich für einen Reporter. In jenem Moment fällt mir wieder die Facebook-Seite »Hilfe für Familie Bendrick« ein. Die Seite, mit der alles begann. Vielleicht gibt es noch einen aktuellen Aufhänger, wie wir Journalisten es nennen. Denn der Ausbau der Wohnung ist längst nicht abgeschlossen. »Ein Fass ohne Boden«, hat es Andrea selbst genannt, weitere Zimmer müssen saniert werden. Was hat sich getan seit meinem letzten Besuch im Februar? Gibt es neue Ideen, wie man helfen könnte?

Ich scrolle die Seite entlang – von unten nach oben. Neues finde ich nicht. An der Spitze verweile ich. Mich trifft der Schlag, als ich einen aktuellen Eintrag lese. »Liebe Freunde von Andrea«, beginnt er, »wie Ihr alle wisst, hat Andrea nun ihren Frieden gefunden. Den Mädels geht es gut und sie werden nach allem Maß liebevoll versorgt. Wir bitten Euch nun, Abstand zu nehmen von Euren Einträgen bei Facebook, wir sollten alle den Schmerz für uns verarbeiten und der Familie jetzt Ruhe geben, mit der Situation irgendwie klarzukommen.«

Ende des Eintrags. Andreas Cousin, der die Seite verwaltet, hat ihn geschrieben und ins Netz gestellt. Mir fehlen die Worte. Mein Beitrag, der heute verschickt werden sollte, ist plötzlich Makulatur, nicht mehr das Papier wert, auf dem er geschrieben steht. Ich bin tief schockiert.

Andrea ist gegangen.

Andrea ist tot.

In Gedanken gehe ich alles noch einmal durch, fühle mich hilflos, leer. Ein Blackout wie in Prüfungen, wenn die falsche Frage gestellt wird und der Kopf vergeblich rotiert, auf der Suche nach der richtigen Antwort.

Der Eintrag ist vom 8. Mai, darunter Reaktionen von Andreas Freunde. Luise ist auch dabei. Eine einundzwanzigjährige Frau, die an einem seltenen Syndrom leidet. Andrea war ihre Heilerziehungspflegerin. »Ich kann nicht schlafen«, schreibt sie. »Ich denke an dich die ganze Zeit. Ich habe gerade in den Himmel geschaut und dann habe ich den Mond gesehen, wie er durch eine Wolke schaut. Bist du es, Andrea? Du bist so ein wunderschöner Engel! Ich habe dich ganz, ganz doll lieb!«

Ich habe einen Kloß im Hals. Luise hat einst ein Schild gebastelt. »Hier wohnt eine Kämpferherzfamilie«, steht darauf. Darunter malte sie, zwischen zwei großen roten Herzen, Andrea mit ihren beiden Töchtern und dem Labrador Helge. Luises Bild hängt in Andreas ziegelrotem Flur. Andrea selbst brachte Luise ins Spiel. »Luise war besonders sensibel, ich musste sie oft seelisch aufbauen. Ich gab ihr Tipps, habe sie ermutigt, wenn sie ihre traurige Phase hatte, und brachte sie zum Lachen.«

Luise sei Andrea dankbar gewesen, aber umgekehrt war das auch der Fall. »Ich habe Luise häufig ins Gewissen geredet, wenn sie mit ihrem Handicap, ihrem Schicksal, haderte, wenn sie stundenlang heulte, weil sie viel lieber ein gesundes Mädchen mit einem stinknormalen Job gewesen wäre. ›Luise, du kannst so froh und stolz sein, Gast auf dieser Welt zu sein. Du bist etwas ganz Besonderes, etwas Einzigartiges‹, predigte ich ihr. Ich munterte sie auf, habe Witze gemacht und mit ihr um die Wette gelacht. Auch, als ich schon längst nicht mehr in dieser Behinderteneinrichtung arbeitete. Und auch, als es mir selbst schon dreckig ging.«

»Ich kann das nachvollziehen«, antwortet Sandy, eine von Andreas besten Freundinnen, die sie als kleines Mädchen im thüringischen Trognitz an der Hohenwartetalsperre in den Sommerferien kennenlernte, auf den traurigen Eintrag von Luise. »Man schläft ein Stück, dann ist man wach und die Gedanken kreisen. Wo ist sie gerade? Geht es ihr gut? Mir tut immer noch der Kopf weh von den vielen Tränen.«

Darunter lese ich ein Gedicht, als persönlicher Abschied: »Du weißt, dass hinter den Wäldern blau die großen Berge sind. Und heute nur ist der Himmel grau. Und die Erde blind. Du weißt, dass über den Wolken schwer die schönen Sterne stehn, und heute nur ist aus dem goldenen Heer kein einziger zu sehn. Und warum glaubst du dann nicht auch, dass uns die Wolke nur heute als ein flüchtiger Hauch die Ewigkeit verstellt? Ruhe in Frieden.«

Es ist keine Schande, in diesem Augenblick den Halt zu verlieren. Andrea verlor nie ihren Halt.

Ich erschrecke, als ich unter den vielen Beileidsbekundungen plötzlich einen Vermerk von Andrea lese. Er stammt vom 26. April 2017, nur wenige Tage vor ihrem Tod am 7. Mai 2017. Sie klingt, ganz anders als sonst, niedergeschlagen, am Boden und hoffnungslos: »Weil in letzter Zeit so viele Fragen kommen, will ich etwas sagen. Es ist mittlerweile so schlimm, dass es keine Therapie mehr gibt und meine Leber völlig kaputt ist. Deswegen bin ich zuhause nun auf Unterstützung, Rollstuhl und solche Sachen angewiesen. Nun sind wir dabei, eine Dusche und eine Toilette direkt neben meinem Schlafzimmer einzurichten, weil alles so schwer geworden ist.«

Ich kann es nicht fassen. Warum nur habe ich diesen Eintrag erst jetzt entdeckt? Auf einmal verstehe ich Andreas letzte Nachrichten an mich besser, warum sie sich nur noch mit ihrem Abschied und den letzten Vorbereitungen darauf beschäftigt hat. Sie wusste um die Ausweglosigkeit. Sie kapitulierte, gab ihren verzweifelten Kampf gegen den fortschreitenden Krebs auf.

»Ich hoffe, dass ich noch ein paar schöne Momente mit meinen Kindern haben kann. Danach sieht es leider gerade nicht aus. So weit der aktuelle Stand. Ich wünsche euch allen einen schönen, sonnigen Tag!«

Ihre Freunde wollten ihr Zeit schenken, wertvolle Zeit. Wochen, Tage, Stunden, die ihr bleiben. »Ein Geschenk, das leider nicht übertragbar ist«, bedauerte Andrea. Eine bittere Illusion.

Ich reibe mir inzwischen die Tränen aus den Augen. Und erinnere mich an das Abschiedsvideo von Andrea, das sie mir bei meinem letzten Besuch zwischen Tür und Angel zusteckte. Es liegt noch immer in der durchsichtigen Plastikhülle, verstaut in meiner Fototasche. Ich traue mich auch jetzt nicht, es mir anzuschauen.

Andreas Bruder Matthias wird es bei der Trauerfeier zeigen. So steht es auf ihrem Plan, den sie mir zuletzt geschickt hat. Wir alle werden noch einmal beisammen sein.

Und Andrea wird auf diese Weise mitten unter uns sein. »Wenn ich gehen muss, dann geht nur ein Teil von mir. Ein Rest bleibt hier! Das steht fest!«

Bei Luises Kommentar spüre ich die Tränen, die sie beim Schreiben vergießt. »Mein wunderschöner Engel! Wir werden dich immer lieben und vermissen. Egal, wie schlecht es dir ging, du warst immer für jeden da. Ein liebevoller Mensch, atemberaubend und warmherzig. Deine Mädels werden dich lieben und du wirst bei ihnen im Herzen bleiben. Durch dich ist bei uns die Sonne aufgegangen, auch wenn sie nicht geschienen hat. Du hast uns ein Lächeln ins Gesicht gezaubert. Andrea, wir lieben dich. Du fehlst mir so unendlich!«

Auch wenn jeder bei Andrea seit langem wusste, dass ihr Leben sehr kurz sein würde, ist es ein Unterschied, nur zu erahnen, wie schleichend der Tod ein Leben beenden kann oder von einer Minute zur anderen damit konfrontiert zu werden, dass es nunmehr vorbei ist.

Viele Freunde von Andrea schreiben nun berührende Beileidsbekundungen. »Tapfer, stark, bescheiden und lebenslustig« und »Dein gutes Herz hat aufgehört zu schlagen und wollte doch gern noch bei uns sein. Schwer ist es, diesen Schmerz zu ertragen, denn ohne dich wird vieles anders sein.« Besonders bewegt mich: »Ich bin nur in das Zimmer nebenan gegangen. Ich bin ich, du bist du. Das, was ich für dich war, bin ich immer noch. Gib mir den Namen, den du mir gegeben hast. Sprich mit mir, wie du es immer getan hast. Gebrauche nicht eine andere Lebensweise. Sei nicht feierlich oder traurig. Lache weiterhin über das, worüber wir gemeinsam gelacht haben. Ich bin nicht weit weg, ich bin nur auf der anderen Seite des Weges.«

Der freundliche Morgen an diesem Tag ist plötzlich verdunkelt. »Komm gut über die Regenbogenbrücke und lege deine schützende Hand über deine beiden Mädchen, die so stolz auf dich sind«, lese ich noch.

Mir fällt eine Frage ein, die ich Andrea einmal gestellt habe: »Was würdest du tun, wenn heute dein letzter Tag wäre?«

Andrea hat geschmunzelt und wie aus der Pistole geschossen geantwortet: »Du machst wohl Witze? Mein letzter Tag ist eigentlich schon längst vorbei. Ich lebe mein Leben nur noch auf Kredit. Im Dispokredit der Zeit, denn meine Tage sind offiziell abgelaufen, längst gezählt und überzogen. Und es sieht gar nicht danach aus, dass mir ein neues Zeitkonto geschenkt und aufgefüllt würde. Alles hängt von der Gnade meines Gläubigers ab, wer auch immer das sein mag.«

Mein Artikel über Andrea wird nichts mehr ausrichten können. Andrea kämpfte bis zuletzt einen aussichtslosen Kampf gegen ihren Krebs, gegen Metastasen, die in den letzten Wochen zusätzlich ihre Knochen befallen hatten. »Ich weiß, ich bin ein körperliches Wrack«, vertraute sie mir an. »Es ist schlimm, wie es sich anfühlt, wenn dein Leben vorüber ist.«

Die Zeiger ihrer Lebensuhr tickten langsamer, wie man es kennt, wenn der Sekundenzeiger der Armbanduhr aussetzt und man schnell am Rädchen dreht, damit die Sekunden weiterschlagen. Was nur, wenn das helfende Aufziehrädchen nicht mehr greift? Früher oder später bleibt die Uhr stehen. Keiner kann dir sagen, wann genau. Manchmal passiert es just in dem Augenblick, wenn du auf deine Uhr schaust, dass das Ticken verstummt. Manchmal bewegt sich der Zeiger noch für wenige Sekunden, ehe er auf einer Stelle endgültig verharrt, und die Zeit da draußen beginnt, davonzulaufen, ohne Chance darauf, sie jemals wieder einzuholen. Andrea ist es so ergangen. Die Minuten, Stunden, Tage, Monate, Jahre, die Zeit, das Leben laufen jetzt weiter. Ohne sie. Andreas Lebensuhr steht still.

An diesem Morgen schaue ich mir Andreas Bilder auf dem Monitor wieder und wieder an. Andrea und Nele und Mia, wie sie entspannt lächeln. Es sind Fotos aus einer anderen Zeit. Bunt und fröhlich, nicht grau und trüb wie der heutige Tag. Andreas Herz hörte auf zu schlagen. Wenn eine Kämpfernatur wie Andrea geht, ist es unfassbar. Wie ein starker Baum, an dessen Anblick man sich gewöhnt hat und der über Nacht entwurzelt wurde. Entwurzelt fühlen wir uns gerade – wir, Andreas Freunde.

Somewhere over the Rainbow, Andrea, dein Leben danach, dein Leben nach deinem Tod hat gerade begonnen. Das wolltest du doch. Vielleicht ist das eine große Hoffnung.

»Nun werde ich von oben meine Hände über euch halten.«

Andrea und ihr geplanter, wohl durchdachter Abschied. Sogar die Traueranzeige in der Zeitung ist von ihr selbst entworfen. Sie hat den Text zu den vielen Briefen in die Schublade ihres Wohnzimmerschranks gelegt. Die Schublade quillte zuletzt über, sie ist voll mit den Zeilen an ihre beiden Töchter, mit den Abschiedsbriefen an ihre allerbesten Freunde.

»Jeder wird einen Brief nach meinem Ableben erhalten. Ich werde darin allen persönlich danken, für ihren Einsatz, für ihre Sorge, für ihre Liebe. Jeder hatte seine Art, mit mir und meinen Befindlichkeiten umzugehen. Sie verstanden die Auf und Abs, die Hochs und Tiefs, meine Launen. Sie haben alles ausgehalten. Sie bauten mich auf, wenn ich fast vor dem Aufgeben stand und eigentlich schon für mich entschieden hatte: ›Ich kann nicht mehr! Verflucht, ich kann wirklich nicht mehr!‹ Nie werde ich vergessen können, was sie für mich getan haben. Das musste ich auf Papier festhalten. Es ist ein Unterschied, ob man nur flüchtig Danke sagt oder diese tiefe Verbundenheit schwarz auf weiß in den Händen halten kann.« Andrea wirkt ausgeglichen in ihren Worten.

Sie beteuert auch in ihrer öffentlichen Traueranzeige: »Lange gekämpft und so tolle Sachen erlebt, dass ich euch glücklich verlassen kann. So viel Liebe, Freundschaft und Unterstützung, dafür werde ich euch allen auf ewig dankbar sein. Nun werde ich von oben meine Hände über euch halten. Mia und Nele, meine Prinzessinnen, ich schicke euch ganz viel Liebe und Glück mit auf den Weg. In ewiger Dankbarkeit und Liebe – Mami Andrea Viola Bendrick.«

In tiefer Trauer verabschieden sich Nele, Mia, Mattusch, Papa und Mama. »Die Urnenbeisetzung findet im Friedwald in Freyburg an der Unstrut am 27. Mai 2017 um 10.30 Uhr statt. Auf Wunsch der Verstorbenen sollen die Trauergäste keine Trauerkleidung tragen und von Kranz- und Blumenspenden absehen. Sie bittet um Geldspenden in der vor Ort bereitgestellten Spendenbox für ihre beiden Mädchen.«

Ich erinnere mich an Andreas Worte: »Wann auch immer es so weit ist, alles, wirklich alles, muss fertig durchgeplant sein. Es wird doch so schon schwer genug für uns alle.« Sie hielt alles in ihren Händen, suchte selbst jenen schattigen Platz in einem Friedwald und das Bestattungsinstitut aus, verfasste selbst die Trauerrede, die ihr kurzes Leben erzählt und dennoch optimistisch bleibt. »Den Tod nicht wegstoßen, wenn er bereits in deiner Nähe lauert, sondern sich damit auseinanderzusetzen, das liegt mir im Sinn. Wie ein Neugeborenes im Arm zu halten, klingt das jetzt absurd?«

Ich telefoniere mit Andreas Papa Tilo. »Vielleicht könnte sie sogar noch leben«, sagt er mit tränenerstickter Stimme. »Andreas Bauch hatte sich mit Wasser gefüllt, war kugelrund wie ein Ballon, wegen ihrer Leber, die nicht mehr richtig arbeitete, befallen von den Metastasen. Die Schmerzen waren zuletzt unerträglich. Also entschied sie sich für eine Operation, noch einmal unters Messer, um das Wasser abzusaugen. Die Klinik warnte uns: Der Eingriff sei nicht ungefährlich in Andreas labilem Zustand. Und es trat das Schlimmste ein: Bakterien gelangten durch die Operation in Andreas ohnehin geschwächten Körper. Daran ist sie gestorben. Es war ein Sonntag, an dem sie von uns ging. Jeder Sonntag trägt ab sofort einen bitteren Beigeschmack.«

Bis zu ihrem Geburtstag am 21. Mai wären es nur noch wenige Tage gewesen. Dann wäre sie zweiunddreißig Jahre alt geworden. Sie hatte sich immer Ziele gesetzt. Ihr Geburtstag wäre wieder eine Etappe gewesen, nachdem sie Mias vierten Geburtstag am 4. Mai erleben konnte. Es gab von ihr gebackenen Papageienkuchen, bunt gefärbten Blechkuchen mit Zitronenguss, eine Lieblingsspeise der beiden Mädchen. Andrea kannte ihn aus ihrer Kindheit. Und die vier kleinen Kerzen darauf, die nur brannten, um durch Mias Atem zu erlöschen. Wie hätte sich Andrea gefreut, zweiunddreißig Kerzen auszupusten, noch einmal den Triumph zu fühlen, dem Tod erneut entkommen zu sein.

Andrea war Zynismus fremd gewesen. »Ach, der blöde Krebs«, sagte sie abfällig. Sie behandelte ihre Krankheit gleichberechtigt, ihrem Leben dazugehörig, wie ein anderer jeden Morgen sein Muttermal im Spiegel betrachtet und als ewiges Stigma begreifen lernt. Im Wettlauf mit dem Krebs erreichte sie einen für sie wichtigen Sieg, der für immer bleibt: ihre neue Wohnung, Heimstatt für Nele und Mia, in der sie noch eine Zeit lang wohnen konnte.

»Ich hegte und pflegte dieses gute Gefühl, dass nur das Herz einer Mutter ihren Kindern Nestwärme geben kann. In vertrauter Umgebung, die sich Zuhause nennt.«

Der 21. Mai 1985: ein heiterer Dienstag, 17 Grad Celsius, nur leichte Wolken, kein Niederschlag, finde ich heraus. Ein schöner Tag, um das Licht der Welt zu erblicken. In den westdeutschen Charts steht die österreichische Gruppe Opus auf Platz eins. Mit ihrem heiteren Song »Live is Life«. Das »Nanananana« klingt mir in den Ohren, so oft mitgesungen in den Diskotheken der achtziger Jahre in der DDR. Den englischen Text habe ich damals sinngemäß übersetzt: »Wenn wir alle unsere Stärken geben, geben wir alle das Beste. Jede Minute in der Stunde nicht an den Rest denken.« Und später: »Und ihr schreit, wenn es vorbei ist. Ihr schreit, es soll weitergehen. Jede Minute der Zukunft ist eine Erinnerung an die Vergangenheit. Weil wir alle die Stärke gaben, weil alle das Beste gaben.« In der ostdeutschen Hitparade kletterte damals die heute längst vergessene Gruppe Perl auf Rang Nummer eins mit ihrer Softrocknummer »Zeit, die nie vergeht«. »Kenne dich ein halbes Jahr schon«, heißt es darin. »Hab dich vorher nie gesehn. Weiß doch alles aus deinem Leben. Was du erzählt hast, kann ich gut verstehn.«

Andrea berichtete mir immer aus ihrem Leben, Anekdoten, marginale Ereignisse, ein Wimpernschlag an Lebenszeit, wichtig aber für sie. Sie erzählte auch von ihrer Geburt – mit einem Augenzwinkern. »Geboren wurde ich zum Ärger meiner Mutti. Sie wollte lieber noch einen Film gucken, aber ich kam halt dazwischen. Wie es immer bei mir passiert, diese kleinen Sachen, die nicht unbedingt dazugehören. Zu mir gehören sie aber.«

»Man muss Kinder auch mal loslassen können.«

Nach ihrer Ausbildung zur Heilerziehungspflegerin entschied sich Andrea für ein Studium: Lehramt für Förderschule an der Martin-Luther-Universität Halle. »Das Soziale ist meins«, begründete sie damals ihren Schritt. Nele war noch ein Kleinkind, Mia noch nicht geboren und Andrea brauchte Hilfe und Unterstützung. Dafür waren Ela und Micha aus Lützen da. Ela und Micha sind die Kosenamen, die ihnen Andrea gab. Sie liebte Abkürzungen, besonders solche, die Namen verniedlichen. Jeder wurde bei Andrea auf diese Weise zu einem Sympathieträger. »Ein so liebevolles Mädchen wie Andrea hätten wir gern als Schwiegertochter«, sagten sie.

»Solche herzensguten Menschen wie Ela und Micha hätte ich gern als Schwiegereltern«, entgegnete Andrea. Die Chemie zwischen beiden stimmte von Anfang an.

Es war Ela und Michas Sohn Patrick, der beste Kumpel von Mattusch, der eines Tages mit der Bitte in der Tür stand: »Die Schwester von Mattusch braucht deine Hilfe. Es geht um ihre kleine Tochter Nele, sechs Monate alt.« Ela, von Beruf Altenpflegerin, kümmerte sich ansonsten um gebrechliche Menschen, war aber sofort Feuer und Flamme. Sie liebte Kinder. Wenige Tage später sah sie zum ersten Mal Nele, ein lächelndes Bündel im Kinderwagen. Und sie lernte Andrea kennen. »Ihre Augen strahlen Güte und grenzenlose Liebe aus«, erzählte sie ihrem Mann Micha später. »Andrea ist eine herzensgute Mama.« Über die Jahre entstand eine intensive Freundschaft. »Nele war immer öfter bei uns zu Gast, ein pflegeleichtes Mädchen«, erinnert sich Ela.

»Meine Tochter sah ich bei Ela und Micha in allerbesten Händen – die beiden sind wie zusätzliche Großeltern für sie. Später setzte sich das bei Mia fort«, berichtete mir Andrea.

Ich erinnere mich an eine überdimensionale Fotocollage in Andreas Wohnzimmer. Eine schwarzweiße Bilderserie zeigt Nele und Mia gemeinsam mit Ela und Micha, die ich damals noch nicht kannte. Alle vier liegen auf dem Bauch, haben sich schick gemacht, lachen und schauen vergnügt in die Kamera. Andrea erklärte: »Das sind meine besten Freunde Ela und Micha. Sie lieben meine Töchter, wie ich es tue! Sie verhalten sich wie eine richtige Oma und ein echter Opa! Wenn Ela Freizeit hat, fährt sie die wenigen Kilometer von Lützen zu mir«, freute sich Andrea. »Sie hilft mir, tröstet mich, macht Besorgungen, schaut nach dem Rechten.«

Es entstand ein wahrhaftiges, unverfälschtes Verhältnis, das auf dem Grundsatz Vertrauen gegen Vertrauen beruhte.

Andrea gestattete den beiden sogar, Nele und Mia mit in den Urlaub zu nehmen.

»Das erste Mal verlebten wir tolle Tage an der Ostsee, haben die beiden Kleinen überall mit hingenommen, sind die berühmte Promenade im Seebad Binz auf der Insel Rügen rauf- und runterspaziert. Damals haben sie kein einziges Mal nach ihrer Mama gefragt.«

Andrea nahm es mit Humor. »Wir haben jeden Tag telefoniert, mir gefiel, welche Liebe Ela und Micha meinen beiden Töchtern angedeihen ließen.«

Im Sommer 2016 tritt Andrea mit ihren Töchtern eine langersehnte Mutter-Kind-Kur in Bad Oexen an. Um diese Auszeit zu bekommen, hatte Andrea länger als ein Jahr gekämpft. Das schrieb sie mir am 18. Juni 2016: »Bekomme eine Kur mit den Mädels. Bad Oexen, denke ich. Endlich! Seit über einem Jahr kämpfe ich dafür!« Dahinter ein Daumen-hoch-Emoticon.

»Meine Lützener haben mich an einem Tag besucht. Wir verbrachten wunderschöne Stunden. Obwohl ich genau an diesem Tag sehr aufgebracht war: Ich hatte mitbekommen, wie eine Mutti aus Holland ihr Kind schlug. Da bin ich eingeschritten, aufgebracht dazwischen gegangen. ›Kinder schlägt man nicht‹, sagte ich voller Wut. ›Gewalt löst immer neue Gewalt aus. Welchen Eindruck soll Ihr Kind mit ins Leben nehmen?‹ Ich werde nie vergessen, wie verdattert mich diese Mutter ansah. Mein ausgeprägtes Helfersyndrom hinterlässt eben Spuren.«

Zuletzt fuhren alle miteinander im Februar 2017 nach Oberwiesenthal, der höchstgelegenen Stadt Deutschlands, in den Winterurlaub. »Ich wünschte mir, noch einmal auf Skiern zu stehen. Und in der Lage zu sein, einen leichten Hang gekonnt hinabzuwedeln. Warm eingemummelt, auf dem glitzernden Schnee entlangzugleiten, den kalten Wind im Gesicht spüren – ich liebte diese Vorstellung. Für diesen Urlaub, für diese wenigen Tage im kalten Winter, habe ich meine letzte Kraft zusammengenommen, um das erleben zu können. Die Skischule, das ständige Hinfallen und Wiederaufstehen, schließlich das erste langsame und vorsichtige Anfahren, für mich unvergesslich. Ich empfand großes Glück. Dafür bin ich Ela und Micha unendlich dankbar.«

Micha hielt Andrea auf Schneeschuhen stehend im Bild fest. »Wir sitzen oft zusammen und schauen uns diese Fotos an. Sie hielt nur diesen einen Tag draußen in der Kälte durch. Sie hatte sich verausgabt. Den Rest der Ferien lag sie meist im Hotelzimmer. Es war unser letzter gemeinsamer Urlaub mit Andrea.«

Doch selbst dieser eine Tag blieb für Andrea unvergesslich: »Schneeflocken, die vom Himmel schweben, so zart und lautlos. Fast unbemerkt überzuckern sie die Welt. Ich habe meine Hände nach oben gerissen und beobachtet, wie die Schneeflocken auf meiner Haut schmolzen. Diese winzigen, wunderbaren Geschöpfe! Weiß ist die Farbe der Unschuld.«

Für den Sommer 2017 plante Andrea eine Flugreise in die Türkei. So weit weg. Im Juli wollte sie gemeinsam mit den Kindern starten. »Noch nie zuvor habe ich in einem Flugzeug gesessen«, vertraute sie mir an. »Nie zuvor habe ich dieses Kribbeln im Bauch erlebt, wenn der Flieger mit enormer Geschwindigkeit beschleunigt und abhebt.

Ich kenne es nur aus begeisterten Erzählungen von Freunden. Ich wünsche mir diese Reise als ein großes Abenteuer, über den Wolken soll die Freiheit doch grenzenlos sein. In zehntausend Metern schwebe ich über den Wolken, die einer Schäfchenherde gleichen. Ich bin dem Himmel so nah. Nein, ich werde sogar ein Teil des Himmels sein. Ist es nicht das, was mich sowieso demnächst erwartet? Ist es nicht gerecht, ein Stückchen meines Schicksals vorwegzunehmen?«

Andrea freute sich wie ein aufgedrehtes Kind, als sie mir ihre Reise fantasievoll ausmalte. Sie strahlte übers ganze Gesicht. Ich spürte die Funken ihrer Lebenslust auch in unserer Diskussion.

»Bist du schon einmal geflogen?«, wollte sie wissen.

»Ja, schon häufig.«

»Und, wie fühlt man sich dabei? So hoch in der Luft. Über allen Dingen stehend.«

»Beim Start sollte man sich auf einen festen Punkt im Flieger konzentrieren, da es steil nach oben geht. Damit dir nicht schlecht wird«, empfahl ich.

»Ich schaue lieber zum Fenster raus, wenn wir abheben. Übelkeit macht mir nichts aus. Ich lebe damit, sehr lange schon.«

»Fliegen ist wie Busfahren. Man sitzt und merkt eigentlich nicht viel. Außer, man fliegt direkt in ein Gewitter.«

Andreas Augen blitzten auf. »Was passiert dann?«

»Die Maschine wird kräftig durchgerüttelt. Es geht auf und ab, rauf und runter, drunter und drüber«, übertrieb ich etwas.

»Hoffentlich erlebe ich das!«

»Schön ist das nicht«, beschwichtigte ich. »Es gibt Passagiere, die laut schreien. Sie haben Angst, abzustürzen.«

»Zu denen werde ich bestimmt nicht gehören! Ein Angsthase bin ich nie gewesen.« Sie schaute fest entschlossen. Andrea freute sich auf die Urlaubstage an der türkischen Riviera. »Dort soll es wunderschön sein. Das türkisfarbene Mittelmeer, helle Strände, fantastische Sonnenuntergänge. Ist das wahr?«

»Das ist alles wahr, Andrea.« Sie verstummte, die Bestätigung ließ sie weiter träumen.

Auch Ela schwärmte sie ihre Reisefantasien vor. »Mein innerstes Ich sagte mir: ›Das wird nichts mehr!‹«, rekapituliert Ela später. »Davon habe ich meiner lieben Andrea jedoch nichts gesagt.«

In den letzten Monaten wurden die Tage für Andrea immer beschwerlicher. Ela war jetzt häufiger zu Gast in Röcken. Andrea brauchte Hilfe, sie war darauf angewiesen. »Ich habe sie gebadet, allein war sie dazu nicht mehr in der Lage. Ich trocknete sie ab, bugsierte sie vorsichtig aus der Wanne. Nie werde ich vergessen können, wie hilflos sie zuletzt wirkte.«

Ela wusch Wäsche, holte Nele und Mia aus Schule und Kindergarten ab. »Du agierst wie eine Glucke, die ihren Nachwuchs keine Minute aus den Augen lässt«, warf Andrea ihrer Freundin Ela vor, wenn sie sich intensiv um Nele und Mia kümmerte. Und sie hatte einen Ratschlag parat: »Kinder muss man auch mal loslassen können! Denn was du liebst, das lasse frei. Kehrt es zu dir zurück, dann gehört es dir – für immer!«

Ela kochte Andreas Lieblingsessen. »Ich freue mich wie ein kleiner König über Elas hausgemachte Küche, besonders über ihre Eintöpfe. Es gibt Kartoffelsuppe, hausgemachte Graupen-, Nudel- und Linsensuppe. Die Eintöpfe kann ich am besten essen, denn durch die Chemotherapien ist meine Speiseröhre arg in Mitleidenschaft gezogen worden. Elas Gerichte lösen keine Schmerzen aus und schmecken wunderbar.«

Andrea wusste um das gute Herz ihrer Freunde. »Einmal brauchte ich Micha – er sollte unsere gebastelten Bilder in der gesamten Wohnung verteilt aufhängen, dafür Löcher in die Wände bohren. Ich lockte ihn mit einem Trick: Bitte bring deine Bohrmaschine mit, du müsstest mal ein Bild befestigen. Ich werde Michas Miene nie vergessen, die er zog, als er den ganzen Stapel an Basteleien vor sich liegen sah. Und er für sich befand: ›Von wegen nur ein Loch! Jetzt habe ich den ganzen Tag zu tun!‹«

Andrea erzählte von erholsamen Ausflügen der Kinder mit Ela und Micha in die Zoologischen Gärten nach Leipzig und Halle. »Die beiden mussten einfach mal raus und ich wusste Nele und Mia in guten Händen, das beruhigte mich. Andererseits vermisste ich die beiden, wenn ich allein in der Wohnung zurückblieb. Ich fieberte dem Moment entgegen, wenn sie wieder in der Tür standen und ich sie in meine Arme schließen konnte. Dann merkte ich, wie sie mir fehlten.«

In den letzten Monaten beschlich Andrea Angst. Die Abstände zwischen diesen niederschmetternden, depressiven

Phasen wurden immer kürzer. Sie bat Ela und Micha, nicht beide Kinder gleichzeitig zu Ausflügen mitzunehmen. »Lasst mir eine meiner Töchter hier zuhause«, forderte sie. »Wenn etwas mit mir passieren sollte, es vielleicht zu Ende geht, habe ich wenigstens eine meiner Liebsten um mich«, rechtfertigte sie sich. Eine Entscheidung, die einem Außenstehenden vielleicht schwer verständlich erschien.

»Nele und Mia haben zwar ihre eigenen Zimmer mit ihren eigenen Betten, aber sie schlafen meist bei mir im Bett. Nele rechts und Mia links von mir. Wir kuscheln uns eng aneinander und fühlen uns ganz stark und unzertrennlich dabei. Sie wollen mich nicht allein lassen«, beichtete sie mir.

Andrea wollte nie allein sein. Sie brauchte Menschen um sich. Sie liebte es, wenn Kinder um sie waren. »Wenn meine Mädchen ihre Freundinnen mitbringen und bei uns volles Haus ist, fühle ich mich erst richtig wohl. Wäre ich nicht krank geworden, ich hätte mir noch mehr Kinder als meine beiden Wunschkinder vorstellen können! Manchmal habe ich die Kleinen meiner Freundinnen mit meinen Mädchen zusammen aus der Kita abgeholt und mit zu mir genommen. Kinder bedeuten Glück, Frieden und Zukunft.«

Andrea hasste es, fernzusehen. Wenn sich andere über aktuelle TV-Serien austauschten, schaltete sie ab. »Der Fernseher bleibt aus. Diesen Satz sage ich sehr oft. Ich finde es unmöglich, den eigenen Kindern die billigste Art der Unterhaltung angedeihen zu lassen. Es gibt tausend bessere Methoden, den Kindern Neues beizubringen, sie kreativ zu fordern und zu fördern. Sich hinzusetzen und mit ihnen zu basteln zum Beispiel. Und dabei reden und streiten und schnattern. Jede Minute, die wir zu dritt im Geplauder miteinander verbringen, ist wertvoller als ein ganzer Tag vor der Glotze. Es ist ein Stück faszinierendes Leben.«

Wenn sie sich doch mal überreden ließ, einen Nachmittag vor dem TV-Apparat zu verbringen, dann servierte Andrea ihren Mädchen spezielle Snacks: aufgeschnittene Äpfel und Mandarinen. »Das duftet schön und gesünder als Popcorn und Kartoffelchips sind Früchte allemal.«

Wenn die kleine Mia quengelte und unbedingt vorm Fernseher sitzen wollte, griff Andrea zu Plan B. »Ich lege in ihrem Zimmer auf dem Fußboden eine Folie aus und stelle bunte Farben dazu. Dann lebt sich Mia aus. Auch Nele kommt dazu. Wir strecken unsere Hände und Füße in die Töpfe, hinterlassen anschließend unsere Abdrücke auf Papier und Leinwand. Für Mia geht es danach in die Badewanne. Sie gleicht ständig einem Chamäleon. Ein Nachmittag verfliegt im Nu, wenn man miteinander die Welt bunter macht. Vor Weihnachten setzen wir uns gemeinsam an einen Tisch und basteln einen Adventskalender. Die Türchen werden nicht mit Süßigkeiten gefüllt, das halte ich für zu einfach. Obwohl ich meine Nele kenne, die vor allem weiße Schokolade liebt. Aber ein kleines Geschenk, das vom Herzen kommt, empfinde ich viel besser. Es erfreut den Schenkenden genauso wie den Beschenkten. In der Adventszeit backen wir gemeinsam Plätzchen. Ich habe gemerkt, wie sich die Mädchen voller Stolz gegenseitig ihre gebackenen Kunstwerke zeigen. Jedes Plätzchen anders handgeformt, mit farbigen Streuseln und leckerem Zuckerguss. Auch wenn ich unsere Küche danach zwei Tage lang putzen kann.«

Andrea sah ihre größte Aufgabe darin, Liebe, grenzenlose Liebe, in die Familie zu geleiten. »Du glaubst nicht, wie bedeutsam es ist, andere Menschen bei der Begrüßung aus tiefstem Herzen zu umarmen. Die Hände um den anderen zu legen. Man spürt einander, baut eine distanzlose Beziehung auf. Das nimmt die Ängste. Die Angst vor dem Fremden. Nele und Mia lernten das sehr schnell. Wer Liebe gibt, wird Liebe empfangen. Liebe ist alles. Ganz einfach.«

Andrea war auch eine feste Struktur wichtig. Sie genoss es, mit den beiden Mädels zu den Mahlzeiten an einem Tisch zu sitzen. »Das ist unser Ritual. Meist ist es Mia, die einen Reim-Spruch sagt wie: ›Piep, piep, piep, wir haben uns alle lieb. Guten Appetit!‹ Ich mag es nicht, dass jeder in seinem Zimmer für sich allein isst. Wir gehören zusammen und gönnen uns jede Minute zu dritt.«

Zuletzt konnte Andrea schlecht schlafen, erzählen mir Ela und Micha. Auch bei ihnen rumorte das Handy zu ausgefallenen Zeiten. Mitten in der Nacht schickte Andrea Nachrichten. »Sie fand neue Therapien im Internet, die ihren Krebs bekämpfen sollten. Wir sollten uns damit auseinandersetzen und sie beraten. Sie brauchte diese Unterstützung von außerhalb, von Freunden.«

Das deckt sich mit dem, wie auch ich Andrea kannte: »Aufgeben kommt nicht in die Tüte!«

Andrea steckte sich Ziele, die sie unbedingt noch erreichen wollte. Die Geburtstage ihrer Kinder, das Herrichten des Hofes, der neuen Wohnung. Sie hatte ein allerletztes Ziel, die größte Etappe überhaupt: die Einschulung von Mia. Sie wusste innerlich, dass es knapp werden würde. Es sollte ihr größter Coup werden, wenn sie die Zuckertüte überreichte.

»Mein Herz ist eine Einbahnstraße – wer einmal drin ist, kommt nicht mehr raus.«

Am frühen Morgen des 27. Mai ist blau meine Farbe: blaues Hemd, blaues Jackett, blaue Jeans, blaue Schuhe. Blau finde ich passend für Andreas Trauerfeier, die ein Kommen in schwarzer Kleidung ablehnte. Das hatte sie in ihrer Traueranzeige klargemacht. Oder sollte es lieber Türkis sein? Die Lieblingsfarbe von Andrea? Türkis – wie das Mittelmeer, wenn es in der Sonne glänzt. Wenn man mit nackten Füßen sachte hineingeht, sich ins Wasser legt, dann wandelt sich der Grünschimmer in jenes edle Türkis. Zwischen blauem Himmel und grün glänzendem Wasser.

»Weißt du, warum ich Türkis liebe?«, wollte Andrea einmal von mir wissen. »Ich verbinde damit das Meer und den Sommer und glitzernde Wellen. Und ich glaube, gelesen zu haben, dass Türkis schöne Erinnerungen weckt und gute Laune schenkt.«

An einen der viel zu seltenen Urlaube mit ihren Liebsten pflegte Andrea schöne Erinnerungen. In ein Fotoalbum vom Urlaub 2015 schrieb sie: »Es war sehr schön mit euch, es ist immer toll, sich an gemeinsamen Erlebnissen erfreuen zu können.« Und sie fügte überschwänglich hinzu: »Ich liebe euch immer und hoffe, euch schöne Erinnerungen schenken zu können. Ihr seid so wundervoll! Ihr seid so stark und könnt ganz viel schaffen! Mein Herz gehört nur euch!« Andrea unterschrieb damals mit einem schwarzen Kugelschreiber: »In ewiger Liebe – Mama.«

Ich denke an ein Theaterstück von Johann Nestroy. Es heißt »Das Haus der Temperamente« und vier Familien spielen darin die Hauptrolle. Jeder Familie ist eine Farbe zugeordnet. Rot steht für aggressiv, aufbrausend, ungeduldig und cholerisch. Gelb bedeutet fröhlich, heiter, aufgestellt, grün eher ruhig, gemütlich und verschlafen. Blau ordnete Nestroy traurig, melancholisch und eher selten fröhlich zu. Ja, blau, die richtige Wahl, bestätige ich für mich.

Der Friedwald in Freyburg an der Unstrut liegt, natürlich, außerhalb. Eine schmale, holprige Straße führt zu einem Parkplatz, von dort weist ein kleines Schild mit der Aufschrift »Friedwald« nach links, in jene Richtung, wo die hohen Laubbäume stehen, deren Kronen sanft im Wind rauschen. Es ist ein sonniger Morgen, blauer Himmel, so weit das Auge reicht. Immer mehr Autos treffen ein, der Parkplatz ist belegt, selbst der enge Feldweg hin zum direkten Friedwaldeingang steht voller Wagen. Von Andreas Familie ist niemand zu sehen. Die Vögel zwitschern laut. Der Feldweg endet an einer kleinen Kreuzung. Dort steht eine Holzhütte, dunkelbraun gestrichen, ein kühler Ort. Wir versammeln uns davor, viele Freunde von Andrea sind angekommen. Sie unterhalten sich leise miteinander, als würden sie stören, die Stimmung des Morgens verwischen. Dann entdecke ich Tilo, Andreas Vater. Seine Augen sind rot, verweint, ständig wischt er sich mit der linken Hand über das Gesicht. »Ich war immer ein Papakind, Papas Prinzessin«, schießen mir Andreas Worte durch den Kopf. Der Verlust für ihn muss groß sein.

Nele steht neben ihm. Sie ist heute ruhiger, gefasster als sonst, sie wirkt nachdenklich, ihr Blick ist freundlich und abwesend zugleich. Mattusch trägt Mia auf dem Arm. Sie strahlt in ihrem schönsten Kleid, es glitzert, ist überall mit Rüschen besetzt. In ihren dunkelbraunen Haaren glänzt ein funkelnder Reif. Sie hat sich hübsch gemacht, herausgeputzt, ihre blauen Augen leuchten, ein ewiger Abschied von ihrer geliebten Mama, den eine Vierjährige nur versteckt verarbeiten kann. Endgültigkeit spielt in diesem jungen Alter keine Rolle. Ich sehe vor mir, wie Nele und Mia mit ihrer Mama Andrea einkaufen waren, meist in Leipzig oder einem Shopping-Center in Günthersdorf. »Mami schleppte immer die meisten Tüten und ich lag knapp dahinter«, erzählt Nele mir später. »Dort kauften wir auch Mias wunderschönes Kleid. Sie sieht aus wie eine echte Prinzessin.«

Kurz vor 10.30 Uhr setzt sich der trauernde Zug in Bewegung. Die Friedwald-Mitarbeiterin, die sich Rangerin nennt, erscheint mit Andreas Urne in ihren Händen.

Langsam treten wir ein in die halbdunkle Stille des Waldes, das Laub raschelt, kleine Äste knacken unter unseren Füßen. Ich schaue nach oben in den Himmel, die Baumkronen fangen die leuchtenden Sonnenstrahlen ab, nur hier und da erreichen sie den laubbedeckten Waldboden. Viele blicken nach unten, den Kopf gesenkt, die Kinder halten sich an den Händen ihrer Eltern fest. Der schmale Weg führt um eine Kurve, hin zu einer leuchtenden Lichtung, die bereits von weitem zu erblicken ist. Eine weiße Leinwand ist aufgebaut, ich kneife meine Augen zusammen, denn die Sonne blendet unerbittlich.

In der dritten Reihe bleibe ich stehen, ganz vorn stehen einige wenige Bänke, rustikal aus ganzen Baumstämmen geschnitten. Andreas Familie nimmt darauf Platz. Tilo, Ramona, Nele und Mia. Die Freundinnen von Andrea schluchzen und tupfen sich ihre Tränen ab, der Abschied, obwohl so lange angekündigt, nimmt sie sichtlich mit. Ihre Männer stehen stumm dabei.

Andrea kämpfte nicht nur für sich, nie war sie allein, ihre Unterstützer wichen nie von ihrer Seite. Nie wird das so deutlich wie an diesem Morgen. Plötzlich bückt sich Matthias, legt eine DVD in den Player, der auf dem Waldboden steht. Musik erklingt. Silbermond mit »Irgendwas bleibt«. Ja, bleiben, denke ich. Andrea wollte immer bleiben. Der Song wird illustriert von Fotos. Andrea als kleines Mädchen mit ihrer Mutter auf einem Motorrad, mit Freundinnen, natürlich mit

Nele und Mia. Lachend und fröhlich, beim Fasching, lustig verkleidet. Wir starren alle auf die Bilder, niemand bewegt sich. Manche heulen still, andere offen und laut. Die letzten Takte verklingen, die leisen Geräusche des Waldes gewinnen wieder die Oberhand. Mir fällt Sylvias Melodie ein, Noten für Andrea, der Song, der uns beide so berührte, als Sylvia ihn auf der Gitarre zum ersten Mal spielte. Musik ist mehr als nur Noten. Sie ist unendlich.

Jetzt erscheint Andrea auf der Leinwand. Die Sonnenstrahlen zeichnen einen leuchtenden Kranz um ihren Kopf. Es ist ihr Abschiedsvideo. Andrea hat sich hübsch angezogen, trägt einen violetten Pullover und ihr Lieblingshalstuch. Sie sitzt auf der Couch in ihrem Wohnzimmer, für mich ist alles so vertraut. Sie beginnt zu sprechen, schaute dabei direkt in die Kamera: »Hallo, meine Lieben, die Kamera läuft. Ich bin froh, dass von mir ganz, ganz viel zurückbleibt, weil Nele und Mia mich unsterblich machen lassen, da ich in ihnen ja immer weiterlebe. Ich bin froh, dass ich diese Rede selbst halten kann. So wird der Tag meines Abschieds etwas ganz Besonderes für uns alle, besonders auch für mich, weil ich heute noch mal bei euch sein kann, mitten unter euch, und auch für die Mädels, weil sie sich das immer wieder angucken und ihre Mama sehen können und einen Teil meines Lebens, was ich euch heute erzählen möchte, immer in sich tragen.«

Es ist ganz ruhig. Andreas Stimme verschmilzt mit den Tönen der Natur, wird zur Einheit, so wie sie es sich wünschte, als sie zum ersten Mal diesen Friedwald betrat. Andrea erzählt kurz von ihrer Geburt und fährt fort: »Nach und nach kamen immer mehr zur Familie, Cousinen und

Cousins. Anderthalb Jahre später mein Bruder Mattusch und wir waren quasi eine kleine Kindergartengruppe für uns selbst. Alle standen dabei unter meinem Regime. Die Armen tun mir heute manchmal noch leid. Ob sie mit mir Schule spielen mussten oder Mini-Playback-Show. Aber ich denke auch gerne zurück. Unsere Sommerurlaube, die wir im Wald verbrachten, wo ich meine beste Freundin kennenlernte. Die Abenteuer im Wald kann heute niemand mehr nachvollziehen. Ohne Strom, ohne Wasser. Ich war nicht oft im Kindergarten, weil wir unseren eigenen Kindergarten zuhause hatten. Aber ich denke häufig an die Grundschulzeit, der Kontakt zu meiner ersten Klassenlehrerin besteht noch heute. Ich kann mich noch gut an eine Mathearbeit erinnern, bei der meine Lehrerin fragte, wer denn Egon Heinze sei. Da musste ich mich leider melden. Ich hatte nicht richtig aufgepasst und dachte, er sei der Erfinder der Mathearbeit, und habe somit hinter Name Egon Heinze geschrieben. Diesen seltsamen Namen wurde ich lange Zeit nicht mehr los. Dann ging's in der fünften Klasse aufs Gymnasium. Das wurde mit einer Zuckertüte eingeläutet. Die Gymnasialzeit war spannend, aufregend, nach der achten Klasse ging ich aufs Gymnasium nach Hohenmölsen.«

Nele geht inzwischen auf dasselbe Gymnasium, hat zum Teil noch dieselben Lehrer wie einst ihre Mama.

»Zum Abitur kam der Führerschein und ich konnte endlich arbeiten gehen. Ich trug Zeitungen aus und ab meinem achtzehnten Lebensjahr arbeitete ich in einem großen Supermarkt. Dort stand ich eines Tages mit meinem Fuß plötzlich im Wischeimer, zum Glück hatte eine liebe Kollegin gerade Feierabend und bot mir ihre qualitativ hochwertigen Teddysocken an.« Andrea liebte es, kleine Begebenheiten aus ihrer Jugend zu berichten. Sie hing an der Vergangenheit. Sie zitierte oft den Spruch, dass nur der die Zukunft recht verstehen kann, wer seine Lehren aus der Vergangenheit zieht.

»Dann begann ich mein Freiwilliges Soziales Jahr und ich bekam erstmal einen kleinen Schock in einer Behinderteneinrichtung. Doch das habe ich sehr schnell überwunden, es wurde eine wunderschöne Zeit. Anschließend begann ich meine Ausbildung zur Sozialassistentin. Kaum angefangen, wurde ich mit Nele schwanger. Es folgte einer der schönsten Momente meines Lebens: die Geburt von Nele. Aber auch einer der schmerzhaftesten, ich glaube, damals habe ich das gesamte Krankenhaus zusammengeschrien. Die Geburt von Nele ging ruckzuck, nach zwölf Minuten war sie geboren. Sie bereicherte mein Leben und hat es komplett geändert.«

Andrea lächelt, schaut manchmal schüchtern nach unten, dann glänzen ihre Augen, gerade, wenn sie von Nele erzählt. Ihre Wärme, ihre Liebe spüren alle, die mitgerissen auf die Leinwand starren und an Andreas Lippen hängen. »Ich war für ein paar Monate zuhause und überlegte: Vielleicht könnte ich mich bei der Polizei bewerben. Dafür übte ich lange. Ich bin jeden Tag fleißig gerannt, aber nee, das Soziale bevorzugte ich, das war meins und ich begann mit der Ausbildung zur Heilerziehungspflegerin, eine unglaublich witzige und tolle Zeit! Praktika machte ich im Kindergarten Rippach, bei der Integra, der Arbeiterwohlfahrt, meine Arbeit wurde zu meinem Leben und ich bin froh, sagen zu können, dass ich meine Berufung zum Beruf gemacht habe. Schon als kleines Mädchen wollte ich Lehrerin werden. Deshalb traute ich mich schließlich, Förderschullehramt an der Universität in Halle zu studieren. Während dieser Zeit kam meine Mia zur Welt, zum Glück, worüber ich unendlich dankbar und glücklich bin, auch wenn Mia eher den Namen Pippi Langstrumpf oder Ronja Räubertochter verdient hätte, weil sie etwas ganz, ganz Besonderes ist.«

Nach diesen Worten macht Andrea eine kurze Pause. Sie scheint in die Runde zu blicken, wie es eine Lehrerin prüfend tut, um festzustellen, ob ihre Schüler noch aufmerksam folgen. Ihre Töchter sah sie als Individualisten, Nele ist anders als Mia. Auf beide stellte sie sich ein, eine liebende und verzeihende Mama.

Andreas Blick wirkt ernst: »Kurz danach wurde ich leider krank. Eine Krankheit, der verfluchte Krebs, sagen viele, macht einsam. Ich kann das überhaupt nicht bestätigen. Ich habe so viel Tolles erlebt, so viel Unterstützung erfahren, immer wieder wart ihr da für mich, habt mich aufgebaut und habt mir viel Kraft gegeben, wart einkaufen, egal was zu erledigen war. Man kann einen Haufen normale Sachen erleben, auch wenn man an Krebs erkrankt ist, das soll einigen von euch Mut machen, wenn ihr Krankheiten irgendwo bei irgendwem in der eigenen Familie habt.«

Mut machen – Andreas Stichwort ist gefallen. Sie sagt es gefasst, ehrlich. Sie spricht aus Erfahrung und Überzeugung: Es liegt an jedem selbst, wie er mit seiner schweren Krankheit umgeht.

Freunde sollen Freunde bleiben, auch wenn das Schicksal plötzlich das Ruder in der Hand hält. In guten wie in schlechten Zeiten – Andrea, ihre Liebsten, machten es vor. Selbstbestimmt und selbstbewusst, bis zum letzten Atemzug. Sie ertrug ihre Leiden, die täglichen Schmerzen, vor allem auch die Herausforderung, ihren beiden Mädchen den Umständen zum Trotz eine vorbildliche Mama zu sein. »Du bist jeden Tag aufs Neue versucht, dich treiben und gehen zu lassen. Keinen Ansporn mehr zu spüren, diese lähmende Was-solls-noch-Gefühlsduselei. Und du bist dennoch täglich aufgefordert, dich aufzuraffen und dagegen anzukämpfen. Das ist verdammt hart.«

Diese Sätze diktierte mir Andrea während unseres letzten Treffens in meinen Notizblock. »Wenn ich meine Mädels bei den Cheerdancer tanzen sehe, wird mir jedes Mal ganz warm und ich freue mich, wenn sie so glücklich sein können und ich sie so offen und lebenslustig sehe. Nele und Mia sollen vergessen können.«

Seit Jahren schon ist Nele in der Hohenmölsener Tanzgruppe dabei. Mia folgte ihrer großen Schwester und zeigt ihr Talent in der jüngsten Tanzgruppe. Mama Andrea beförderte das, schlummernde Talente herauszukitzeln, empfand sie als unabdingbar. »Meine Mädchen sind kreativ«, betonte sie ständig. »Kleine Persönlichkeiten, die ihren eigenen, unverwechselbaren Kopf haben, spielend lernen und basteln, weil wir unzählige gemeinsame Stunden verbringen und alle voneinander profitieren. Wir sind so zu einer eigenen Ideenbörse, einer Talenteschmiede, geworden.«

Ich denke an die selbst gestalteten Bilder, die überall in der Wohnung in Röcken an den Wänden hängen.

Andrea spricht nun leiser: »Ja, mein Leben, so ist es und so lang war es gar nicht. Aber ich habe ja doch einiges erlebt. Ich bin runtergefallen, über etwas gestürzt oder dagegen gefahren.« Andrea spielt auf ihre Tollpatschigkeit an. Wie ein roter Faden zog sich diese ungewollte Pechvogel-Karriere durch ihr Leben.

Dann kommt Andrea auf ihren Bruder zu sprechen, sie wirkt nachdenklich und holt tief Luft: »Am wichtigsten ist Mattusch. Wir besitzen eine so enge Geschwisterbeziehung.«

Matthias kniet vor dem DVD-Player und schaut verschämt zur Seite. Das ist seine Art, mit dem Tod der geliebten, nur anderthalb Jahre älteren Schwester umzugehen. Er lenkt sich ab, kontrolliert mit prüfendem Blick, ob Andreas DVD richtig läuft, die das gesprochene, digitalisierte Testament, die letzten Worte von Andrea enthält.

»Ich bin stolz, dass ich Nele und Mia habe, ihr beiden seid ganz wundervoll und ich weiß, dass ihr auch ohne Mama das alles ganz, ganz wundervoll hinbekommt.« Andrea wiederholt das Wort »wundervoll«. Es hallt nach, vermischt sich mit dem Zwitschern der Vögel, bleibt bei allen hängen. Bei Nele und Mia, den beiden Mädchen, die gerade jetzt furchtbar stark sein müssen. Trotzdem ist es unendlich traurig, zu sehen, wie sich Nele bemüht, nicht die Fassung zu verlieren, leicht und spielerisch an diesem schweren Tag nach außen zu wirken, während sich die kleine Mia an Oma Ramonas Schultern festkrallt.

Andrea spricht weiter, wendet sich an ihre Freunde, die heute versammelt sind und sie verabschieden. »Ihr wisst«, beginnt sie leise und zupft sich ihr Halstuch zurecht, »dass ihr alle in meinem Herzen ganz tief drin seid. Und wer da einmal drin ist, der kommt da auch nicht mehr raus. Was manchmal nicht positiv ist, aber ich kann's nicht ändern, mein Herz ist irgendwie eine Einbahnstraße. Was soll's.«

Warum entschuldigt sich Andrea für einen solchen Satz, für ihre Einstellung? Jeder Autor und Songwriter würde gieren nach diesem Einfall, den ich bislang bloß anders kannte: »Mein Herz ist keine Einbahnstraße«, so heißt tatsächlich ein Lied von der Popgruppe Virginia Jetzt. Oder: »Die Liebe ist keine Einbahnstraße.« Ich glaube, auch die Liebe ist bei Andrea eine Einbahnstraße gewesen.

Das Bild auf der Leinwand wechselt, Andrea erscheint in einem anderen Video, ein nachträglicher Zusatz. Selbst aufgenommen, ein Selfie. Sie sieht sehr mitgenommen aus. Eingefallene Wangen, blasses Gesicht, das Sprechen fällt ihr schwer. Anfangs rutscht ihr das Handy aus der Hand. Sie fängt es auf, entschuldigt sich mit einem lockeren »Upps!« und beginnt zu sprechen: »Ich möchte mich noch mal bei euch verabschieden. Ich denke an euch alle, besonders an Nele und Mia. Nele und Mia, macht euer Ding, ich weiß, ein sozialer Beruf ist euers, Tanzen ist euers, zieht das durch, lasst euch nicht unterkriegen und sprecht mit jemanden, wenn ihr Hilfe braucht, okay? Ich liebe euch!«

Es gibt inzwischen keinen mehr, dem nicht die Tränen in den Augen stehen. Was lösen solche Sätze, solche eindringlichen Botschaften einer sterbenskranken Mama an ihre kleinen Töchter bei den anderen Müttern aus? Trotz aller Vorbereitung auf Andreas Tod ist es Fassungslosigkeit, aber auch Entsetzen in den Augen der Frauen in Andreas Alter, die alle so um die dreißig sind und selbst Mütter.

Der Trauerzug setzt sich vorsichtig in Bewegung, Andreas Familie und Freunde ordnen sich stillschweigend ein. Die zurückhaltende Friedwald-Mitarbeiterin hält Andreas Urne behutsam in den Händen, wir folgen ihr. Entlang der stämmigen Rotbuchen und Eichen, vorbei an einer schmalen Allee inmitten hoch gewachsener Hainbuchen. Die eiförmigen Blätter haben einen Teppich gelegt, der unter unseren Füßen raschelt. Zwischen zwei Bäumen, deren Kronen von unten kaum zu erkennen sind und deren Stämme keiner mit zwei Armen umfassen kann, ist eine kleine Grube im schwarzen Waldboden ausgehoben. Vorsichtig wird Andreas Urne eingelassen. Der Reihe nach knien wir nieder, manche haben sich Blätter abgemacht vom immergrünen Efeu, der dort wild wächst. Ich warte geduldig, bis ich an die Reihe komme und Abschied nehmen kann. Ich hocke nieder, lasse langsam mein Efeublatt fallen, blicke auf die Urne und flüstere: »Liebe Andrea, dein Vermächtnis werde ich erfüllen. Das verspreche ich dir. Du machst anderen Mut, du hast gekämpft wie eine Löwin. Deine Krankheit hat dich nicht beherrschen und brechen können. Du bist in Würde und voller Stolz gegangen. Ich kann nicht ausdrücken, wie groß mein Respekt vor dir ist. Aber das habe ich dir längst gesagt. Der Song, der deinen Namen trägt, diese Erinnerung an dich, liebe

Andrea, der wird kommen. Die Briefe an deine Töchter und dein Lied – deine Ideen, deine Kreativität werden weiterleben.«

Andrea ist in diesem Augenblick noch einmal bei mir. Ich spüre es.

Matthias bittet uns alle kurz zurück zur Leinwand. Ein allerletztes Video wird gezeigt. Andrea spricht ein letztes Mal, auf dem Boden ihres Wohnzimmers liegend, sichtlich ausgemergelt, ihre Haare sind abrasiert: »Die Beerdigung ist vorbei, ich hoffe, ihr habt sie gut überstanden. Dasitzen, Trübsal blasen, Kaffee trinken und Kuchen essen, das ist nicht die Trauerfeier, die ich mir wünsche. Vor allem sollt ihr euch erinnern, wer ich war, was ich gemacht habe.«

Noch einmal blickt sie zurück auf ihr Leben. »Wisst ihr noch, damals in Trognitz? Wir haben Wasser von der Wasserstelle mit dem Hänger geholt, es gab keinen Strom, die Nudeln haben wir selbst gemacht. Wir wuschen unsere Wäsche mit dem Rubbelbrett, denn es gab keine Waschmaschine. Wir bauten Buden mitten im Wald.«

Andrea hing an ihren Erinnerungen, mit einer Liebe zum Detail, die vielen von uns abhandengekommen ist. Erst wenn die Ruhe zurückkehrt, Platz nehmen darf in unserem Kopf, wir dem Vergangenen freien Lauf lassen, erst dann blitzen die Erinnerungen an früher auf. Bei Andrea kehrte die Ruhe ein, unmittelbar nachdem die Ärzte ihre Heilung ausgeschlossen hatten.

Andrea konzentriert sich: »Da zog ich mich zurück und dachte nach, ging in Gedanken mein Leben, jede Einzelheit, genau durch, ließ mir von Freunden zwei-, drei- oder viermal erzählen, was wir miteinander erlebt hatten. Obwohl ich diese Geschichten oft und immer wieder gehört habe, bekam ich dieses wunderbare Gefühl einer besonderen Verbindung zwischen Freunden niemals satt – es tat mir so gut. Gelebtes Leben, abgespeichert, konnte mir meine Krankheit, konnten mir die Ärzte trotz ihrer zukunftsvernichtenden Diagnose nicht nehmen. Die Sehnsucht nach Erinnerungen, sie treibt dich, wenn deine Zeit bemessen ist. Das könnt ihr mir ruhig glauben.«

Andrea wird weiter von ihren Erinnerungen getrieben: »Zuhause erfand ich Märchen mit wundervollen Figuren. Immer gab es ein Happy End. Und wenn sie nicht gestorben sind, dann leben sie noch heute! Wer so etwas erlebt hat, der könnte auch gut neunzig Jahre alt sein!«

Andrea flüstert nun fast: »Sterben war nicht mein Wunsch, aber es ist nun mal so gekommen und wir sind alle darauf vorbereitet. Ich habe Musik für heute zusammengestellt, die ich in meinem Leben gern gehört habe, viele Lieblingslieder, die mit unzähligen Erinnerungen verbunden sind. Gemeinsame Erinnerungen, die wir heute teilen können. Ich wünsche euch einen angenehmen Tag, so schön wie möglich. Ich weiß, dass viele Leute gekommen sind, die alle meine Ehrlichkeit überstanden haben und trotzdem an meiner Seite geblieben sind.«

Ja, ihre Ehrlichkeit. Andrea mochte keine Arroganz, keine überheblichen Blicke, keine gekünstelte Hilfe, keine Ratschläge aus der Ferne. »Ich möchte einen Eindruck haben von allen Menschen, die mir helfen wollen, möglichst aus der Nähe«, vermittelte sie.

»Manchmal bin ich froh, dass es das Internet gibt. Dadurch ist die Welt klein geworden, aber sie zeichnet häufig eine falsche Realität. Vertrauen können wir doch nur, wenn wir uns gesehen haben, von Angesicht zu Angesicht. Ein herzlicher Händedruck, ein stützendes Anfassen am Arm sind mehr wert als jedes Like bei Facebook. Sie lassen mich mein Gegenüber genau erkennen und einordnen. Ich habe nie den Glauben an das Gute im Menschen verloren, in all den schweren Monaten nicht.«

Deshalb war es Andrea wichtig, ihre Töchter kreativ zu erziehen, ihnen vor dem Schlafengehen aus dem Lieblingsbuch vorzulesen, mit ihnen zu basteln, zu malen, zu spielen. Das Gute herauszukitzeln und aktiv zu fördern. »Da bin ich verdammt konservativ«, betonte sie immer wieder. »Ich baue auf alte, liebgewonnene, manchmal schon vergessene Werte wie Freundschaft, Moral, gegenseitige Hilfe, Liebe, Vernunft, Anstand. Ich nenne sie kokett meine analogen Weisheiten.«

Andrea kommt erneut auf ihren Bruder zu sprechen: »Ich weiß, Mattusch hat seinen großen Traum verwirklicht, seine eigene Firma, seine eigene Autowerkstatt. Diesen Traum soll er nicht wegen mir aufgeben. Ich weiß, dass er meine Kiddys über alles liebt und alles für sie macht, aber er soll auch an sich denken. Vielleicht findet er irgendwann sogar die richtige Frau. Wenn nicht, hat er ja zwei, die ihm sicherlich dabei helfen können, wenn es darum geht, weiterzusuchen, wenn er denkt: ›Die will ich nicht, die muss ich loswerden.‹ Das schaffen Nele und Mia sofort!«

Andrea schmunzelt, es wirkt fast ansteckend. Die besondere Beziehung zu Mattusch, ihren Bruder. Er kümmert sich um die beiden Mädchen. Das wollte Andrea so. Sie weiß, welche zusätzliche Arbeit das bedeutet. Und Mattusch hat mir davon erzählt.

Morgens um viertel vor sieben steht er auf. Er schmiert Brote für Nele und Mia. Anschließend weckt er Nele und sie frühstücken gemeinsam. Danach fährt er sie in die Schule. Noch vor kurzem nach Lützen, nun ins Agricola-Gymnasium nach Hohenmölsen. Es ist dasselbe Gymnasium, an dem Andrea ihr Reifezeugnis ablegte.

»Wenn ich wieder in Röcken bin, wecke ich Mia, die Kleine. Auch mit ihr frühstücke ich, packe alle Sachen und um neun Uhr fahre ich sie in ihren Kindergarten nach Rippach.«

Dann geht Mattusch seiner Arbeit nach, er hat viel zu tun in seiner Autowerkstatt. Zusammen mit einem Angestellten macht er alte Wagen wieder flott.

Um Nele von der Schule abzuholen, macht er Pause. Je nachdem, wann sie Schluss hat. Ihren Stundenplan kennt er genau. »Wir machen zusammen die Hausaufgaben und um fünfzehn Uhr steige ich wieder ins Auto, um Mia vom Kindergarten abzuholen. Zwischen achtzehn und neunzehn Uhr sitzen wir in der Küche und essen Abendbrot. Danach mache ich die beiden zum Schlafen fertig, Mia hört gern eine Märchenkassette oder schaut einen Märchenfilm, ehe beide Mädchen gegen zwanzig Uhr einschlafen.«

Es sind lange Tage und Nächte, die Mattusch für seine beiden Nichten opfert. Andrea hat es so verfügt. Ob ihm das auf Dauer nicht zu viel würde, habe ich ihn einmal gefragt.

»Die beiden sind und bleiben meine geliebten Nichten. Sie sind ein Stück, ein Teil von meiner geliebten Schwester Andrea. Deshalb gab es nie eine Alternative und es war immer klar: Sie bleiben in unserer Familie!«

»Ich weiß, wir sehen uns alle wieder«, fährt Andrea auf der Leinwand in ihrer freundlichen Art fort. Sie kommt zum Ende. »Und ich weiß, da bin ich mir ganz, ganz sicher, Liebe und Freundschaft bleiben bestehen weit über den Tod hinaus. Mattusch, Nele, Mia – ihr seid wirklich das Wichtigste: Ich werde euch immer lieben und ich weiß, irgendwann sehen wir uns da oben alle wieder und dann machen wir eine Willkommensfeier. Und dann ist ja auch meine Leber egal und ich kann mit euch anstoßen. Auf uns! Ich habe euch alle lieb! Ich bin froh, euch alle kennengelernt zu haben und hatte ganz, ganz viel Spaß mit jedem einzelnen von euch!«

Andrea verstummt, verschwindet, ist ausgeblendet. Auf der Leinwand leuchten breite Sonnenstrahlen. Wir bleiben zurück, allein mit unserer Trauer und den gütigen Worten von Andrea.

»Wenn dein letzter Tag im Mai beginnt, wenn das Schicksal dir die Jahre nimmt.«

Eines Abends Anfang Juni überrascht mich Sylvia: »Der Song für Andrea ist fertig. Ich habe den Text fertig geschrieben. Willst du ihn hören?« Ich ahne, was auf mich zukommt. Auch nach Andreas Tod werden wir ständig mit dem Thema Krebs konfrontiert. Freunde sprechen darüber, in den Medien tauchen Betroffene auf und zeigen ihren täglichen Kampf. Sylvia drückt ihre Gitarre fest an sich und zupft sanft die ersten Töne.

»Kein Mensch ist für immer«, beginnt sie zu singen. »Meist jedoch so lang, um Mutter und Vater zu sein. Ein lächelnder Kämpfer warst du stets für uns und ließest uns auch niemals allein.« Wir sitzen uns gegenüber, Sylvia schaut konzentriert auf die Saiten ihrer Gitarre. Sie ist Linkshänderin wie Andrea, ihr Instrument liegt verquer, die Saiten sind zur herkömmlichen Gitarre entgegengesetzt aufgezogen. Ich versuche, diese eingängige und gefällige Melodie nicht zu nah an mich heranzulassen.

»Was tut ein Mensch, wenn er schon vorher weiß, er hat nur noch eine ganz bestimmte Zeit.« Sylvia blickt zu mir und registriert meine feuchten Augen. Meine Gedanken sind wieder bei Andreas Geschichte, bei den innigen Briefen, bei Nele und Mia. »Zu lieben und zu geben was er kann, nur einen Sommer, einen Winter lang.« Der Refrain beginnt: »Andrea, wenn dein letzter Tag im Mai beginnt. Andrea, wenn das Schicksal dir die Jahre nimmt.« Sylvias Lippen zucken, mit Mühe hält sie die Melodie. »Wenn die Erde sich dreht, wenn die Kindheit vergeht, wir Mütter verstehen, wie es ist, jung zu gehen.«

Ja, die Erde dreht sich weiter. Was immer auch passiert, die großen und kleinen Schicksalsschläge, geschluckt von der unerbittlichen Zeit. Nur wenigen ist es vorbehalten, auch später dank ihres Nachlasses noch bleiben zu dürfen. Prominente Zeitgeister, Menschen, die etwas zu sagen hatten. Ihre Schatten überdauern. Der Ruhm ist die Sonne der Toten. Andrea mit ihren kreativen Ideen gehört zu jenen besonders wertvollen Menschen.

»Dein Bild, dein Bild im Zimmer, dein Wort, dein Wort für immer. Andrea.« Sylvias Töne verklingen. Ich sitze angespannt nach vorn gebeugt. Worte wie »Gefällt es dir?« sind unnötig. Später werden Andreas beste Freundinnen urteilen: »Ja, das ist Andrea.« Sie sprechen von ihr in der Gegenwart. Nie soll Andrea ganz gehen.

Wenn Andrea es doch noch hören könnte, denken wir laut. Der Song, der ihren Namen trägt. Den sie sich so sehr wünschte. Sylvia erfüllt ihn. »Mitte Juni fliegen wir nach London zum Produzenten Martin Dubka«, sagt sie. »Danach möchte ich gern Andreas Töchter kennenlernen. Wann fährst du wieder nach Röcken? Ich begleite dich.«

»Nele hat am 23. Juni Geburtstag, sie wird zehn Jahre alt. Dann gibt es schon eine fertige Demo vom Song. Das wäre doch eine gute Gelegenheit«, fällt mir ein. Fast hätte ich vergessen, dass auch Andrea an diesem Tag dabei sein wird. Auf ihre Art, die sie monatelang vorbereitet hat. Denn Nele erhält den ersten Geburtstagsbrief von ihrer Mama und ein liebevolles Geschenk und eine Rose.

Der 23. Juni ist ein Freitag – Nele kommt am Nachmittag aus der Schule. Wir sind bereits in Röcken und warten auf sie. Mia ist noch im Kindergarten. Wir unterhalten uns mit Mattusch, der die Tore zu seiner Werkstatt weit geöffnet hat. Ein Auto ist aufgebockt, mit prüfendem Blick schaut er sich den Unterboden an. Der Wagen hat weit mehr als ein Jahrzehnt auf dem Buckel und fast dreihunderttausend Kilometer auf dem Tacho.

»Ist da noch was zu machen?«, frage ich.

»Es ist bei jedem Auto noch etwas zu reparieren«, entgegnet Matthias schelmisch.

Im kleinen Büro neben der Werkstatt sitzt Tilo, Andreas Vater. Er ist in Gedanken, wirkt ruhiger als sonst. Ich stelle ihm Sylvia vor. »Du hast ein Lied für Andrea geschrieben?«, fragt er. »Davon habe ich längst gehört. Meine Tochter hat es mir noch erzählt. Vielleicht wird es ja sogar eine Nummer eins.«

Er scherzt nicht. Seine Tochter war sein Ein und Alles. Für sie hätte er sein Leben gegeben.

Tilo empfängt Kundschaft an der Tür. Oft haben die Kunden ein winziges Anliegen. Eine neue Glühbirne fürs defekte Bremslicht, ein neues Schloss für den Türgriff. Oder sie bringen einen Mini-Bagger vorbei, dessen Motor nach geraumer Zeit stottert und ausgeht. Oder Matthias macht uralte Kleinlaster aus DDR-Zeiten wieder fahrfähig. Manch einer besucht die Werkstatt sogar nur, um einen kurzen Plausch zu halten.

Nach Andreas Tod haben sich die Blicke der Kunden geändert, fällt mir auf. Über Andrea redet keiner direkt, obwohl die meisten sie und ihre Leidensgeschichte kannten. Zu frisch ist Andreas Ableben, erst anderthalb Monate sind seitdem vergangen. Die Situation der Familie kennt jeder im Ort und darüber hinaus. Vielleicht ist es die spezielle Mentalität der Leute aus diesem Landstrich, die auf der einen Seite sehr offen und direkt sind, auf der anderen Seite einen robusten Charme an den Tag legen und versuchen, ihre Gefühle nach außen zu verbergen.

Tilo bewahrt Gesicht. »Die erste Zeit habe ich mich nicht hier blicken lassen«, verrät er. »Mit den unzähligen Beileidsbekundungen in den Tagen nach der Trauerfeier konnte ich nicht umgehen. Ich weiß, Andrea hätte mich eines Besseren belehrt. ›Papa, jetzt nimm dich doch zusammen‹, wären ihre Worte gewesen. Doch es ist schwer, wenn die eigenen Kinder vor ihren Eltern gehen. Das ist gegen die Natur.«

Dann berichtet er von einem Kollegen. »Er hatte Krebs, kämpfte intensiv ein Dreivierteljahr. Dann starb er, weil er sich aufgab. Meine Andrea schaffte es vier lange Jahre, sich gegen diese unheilbare Krankheit aufzubäumen. Ihr Wille war unglaublich und bis zuletzt ungebrochen.«

Ich bemerke, wie Matthias unserem Gespräch aus der Ferne lauscht. Aber er mag das Thema nicht, Andrea als Heldin zu sehen, es tut ihm weh. Matthias stürzt sich lieber in seine Arbeit, verschwindet unter den Autos. Hier hat er wenigstens eine Chance, noch etwas zu retten.

Tilo macht sich auf den Weg, um Nele von der Schule zu holen. »In zehn Minuten bin ich zurück«, ruft er uns zu. »Wartet einfach drüben in der Wohnung. Du kennst dich doch aus.« Ja, alles ist vertraut und dennoch völlig anders. Die weinenden Gesichter sind heute zwar ausgetauscht gegen Alltagsgesichter, aber innen drin, da sitzt der Schmerz über Andreas Verlust tief.

Heute ist Neles großer Tag. Und zugleich ihr erster Geburtstag ohne Mami. Wir warten, steigen die dreizehn Stufen zur Wohnung empor. Alles wirkt unverändert. Aber es ist ungewohnt still. In Gedanken sehe ich Andrea, wie sie an der ziegelroten Flurwand lehnt, lächelt, und höflich in die Küche bittet. Die Sonnenstrahlen scheinen durch das schmale Flurfenster, Nele und Mias Schuhe stehen verstreut unter der Garderobe mit den Anoraks. Alles ist wie immer. Eigentlich.

Wir warten in Neles Zimmer. »Wie schön es hier ist«, sagt Sylvia. Sie steht in der Mitte des Zimmers, traut sich nicht, sich irgendwohin zu setzen. Nicht aufs Bett mit dem mir vertrauten Union-flag-Überzug, nicht auf die kleine Bettcouch, über der unzählige Fotos von Nele und Mia und Andrea hängen. Auch Sprüche, die Nele zu ihren Lebensmottos stilisierte. »Paradise«, steht da. Und: »Tanze, als würde niemand zusehen. Liebe, als wurdest du noch nie verletzt. Lebe, als wäre der Himmel auf Erden«.

Die Graffiti-Tapete schmerzt in unseren Augen. So bunt und grell. Stifte und Hefte liegen kreuz und quer auf Neles Schreibtisch verteilt. Auch eine Tasse steht dort – mit der Skyline von London. In einer kleinen Ablage steckt ein blütenweißer Briefumschlag. Eine rote Rose liegt daneben, sorgsam drapiert, außerdem eine kleine Schachtel.

»Da ist sicher ein Geschenk für Nele«, mutmaße ich.

»Sieht ganz nach einem Schmuckstück aus«, meint Sylvia. Aus Andreas Erzählungen weiß ich um ihre monatelangen Vorbereitungen, die nun Wirklichkeit werden: der Brief, die Rose, das Geschenk.

Auf dem Hof hupt es. Opa Tilo ist wieder da, gemeinsam mit Nele. Dem Geburtstagskind. Ihre Stimme ist laut zu hören, sie stürmt aus dem Auto in die Werkstatt, drückt Onkel Mattusch, der zu uns herüber zeigt. »Nele, du hast Besuch!«

»Besuch, Besuch«, freut sie sich. Mit großen Schritten eilt sie über den Hof und stürmt die Stufen hoch zur Wohnung. Nele ist wie immer neugierig. Sie erkennt mich auf der Stelle, umarmt mich fest. Ich stelle ihr Sylvia vor. »Ach, du bist die Sängerin NEA!, cool«, reagiert Nele und fällt ihr ebenfalls um den Hals. »Ich habe ein paar Songs von dir auf YouTube gesehen. Die haben mir echt gut gefallen!«

Sylvia nimmt die Einladung an, sich mit Nele auf die Bettcouch zu setzen. Da fällt uns ein: »Herzlichen Glückwunsch zum zehnten Geburtstag, liebe Nele!«

Ihre Reaktion ist verhalten. Sie antwortet mit einem leisen »Dankeschön!« Sie weiß, dass dieser Geburtstag kein normaler Tag ist. Er wird ihr für immer im Gedächtnis bleiben.

Nele lenkt ab und kommt auf ihre Fingernägel zu sprechen. »Schau mal«, sagt sie zu Sylvia, »das geht nicht! Meine Nägel sind lang und stumpf, die müssen dringend mal gefeilt und lackiert werden. Allein kann ich das nicht richtig. Kannst du mir dabei helfen? Sonst hat das immer meine Mama gemacht.«

Plötzlich ist Andrea wieder da, irgendwie unter uns. Nele erwähnt den Verlust ihrer geliebten Mutter nur in einem kurzen Satz, in einem beliebigen Zusammenhang. Kinder sollen und müssen trauern, habe ich gelesen. Wenn sie verdrängen, fällt ihnen der Verlust eines geliebten Menschen als Erwachsene auf die Füße.

Nele findet schnell eine Nagelfeile, macht es sich auf der Bettcouch bequem und hält still, als Sylvia beginnt, ihre Nägel zu bearbeiten. Die schmalen Finger erinnern mich an Andrea, wenn sie sachte ihre Tasse Tee umfasste. Im Flur hängt ein Foto von Andrea. Es zeigt sie im leuchtend grünen Pullover, sie ist darauf nicht älter als zwölf Jahre. Ihr Lächeln ist ansteckend, ihre halblangen, aschblonden Haare sind ordentlich gekämmt. Eine frappierende Ähnlichkeit mit der Nele von heute.

Selten habe ich Nele so andächtig und zurückgenommen erlebt. Sie schaut geduldig auf ihre Fingernägel, die allmählich eine einheitliche Form annehmen. Wie immer beobachtet Nele genau, ihre Blicke wandern über Sylvias blaues Jeanskleid und bleiben schließlich interessiert an ihrer Silberkette hängen. Nele betrachtet den blinkenden Anhänger, dreht ihn vorsichtig in ihrer rechten Hand. Sylvia beginnt zu erklären: »Der Anhänger ist ein Symbol. Man nennt es die Blume des Lebens.«

»Oh, die Blume des Lebens, das klingt irgendwie geheimnisvoll«, lächelt Nele.

»Das ist sie auch«, sagt Sylvia. »Wenn du genau hinschaust, kannst du in der Mitte der Blume des Lebens sieben ineinander verschlungene Kreise entdecken. Das soll uns zeigen, wie Leben entsteht, immer wieder aufs Neue. Du kannst dieses geometrische Symbol mit einem Zirkel auch selbst zeichnen. Du startest mit einem Kreis, der für eine Eizelle steht. Dann setzt du einen zweiten Kreis, verbindest ihn mit dem Mittelpunkt von Kreis Nummer eins. Und immer so weiter. So teilt sich die Zelle, es entsteht Leben, eine wunderbare Harmonie. Wenn du immer im Einklang mit dir selbst lebst, wenn du im Reinen mit dir bist, dann greift ein Kreis in den anderen. Jeder baut auf den anderen auf, wieder und wieder.«

Nele hört zu. »Und das Leben hört nie auf«, schlussfolgert sie. »Ein Kreis besitzt ja auch kein Ende, er ist in sich geschlossen.«

Sylvia stimmt ihr zu: »So ist es. Alles ist vergänglich, aber gleichzeitig beginnt alles wieder von vorn.«

Jetzt schmunzelt Nele. »Glücklich zu sein, das ist wohl das Wichtigste. Mama sagte das auch immer.« Sie zeigt auf die Buchstaben auf ihrem schwarzen T-Shirt. »Happy mind«, steht da.

Neles Nägel sind gemacht, sie glänzen frisch manikürt. Mattusch steht in der Tür, schaut nach dem Rechten. »Hast du deine Geschenke schon angesehen?«, fragt er, obwohl er genau weiß: Nein, die wilde Nele ist noch nicht dazu gekommen. Die Zehnjährige wuselt durch ihr Zimmer, schlittert auf roten Socken von der Bettcouch hin zu ihrem Schreibtisch. Sie findet sofort den Briefumschlag, die Rose, die Schachtel. Nele weiß genau, von wem die Geschenke stammen. Von ihrer Mama, die heute nicht mehr bei ihr sein kann, zum allerersten Mal, an ihrem schönsten Tag, ihrem Geburtstag.

Sie schaut uns der Reihe nach an, nimmt als erstes die Rose, streichelt über die Blütenblätter und legt sie vorsichtig zur Seite. »Wie lange wird sie halten?«, will sie von Mattusch wissen.

»So lange, wie du sie pflegst«, antwortet er spitzbübisch.

»Dann stelle ich sie gleich ins Wasser.«

Danach öffnet sie die kleine Schachtel. »Ohrringe, es sind Ohrringe«, jubelt sie. Silbern, mit kleinen Steinen besetzt. Sylvia und ich erkennen sofort eine liegende Acht, das Forever-Zeichen, das Symbol für Unendlichkeit. Die innige und untrennbare Verbindung zwischen zwei Menschen soll damit noch stärker zum Ausdruck gebracht werden. Das hatte ich irgendwo gelesen, ebenso wie den Satz: »Die liegende Acht steht für alles Unendliche und bringt Kraft, Harmonie und Balance in Körper und Geist.« Typisch Andrea, denke ich. Die liebende Mutter zeigt mit den Ohrringen, wie sehr sie ihre Tochter verehrt und wie sie weiter vom Himmel herab auf Nele aufpasst.

Nele ist begeistert, Sylvia muss ihr beim Anstecken helfen. »Das ist ein großer Glücksbringer«, erklärt Sylvia. »Deine Mama wünscht dir damit alles Glück dieser Welt. Unendliches Glück, eines, dass nie enden möge und zeitlos ist. Deine Ohrringe und meine Blume des Lebens passen hervorragend zusammen, von der Symbolik her sind beide sehr eng miteinander verwandt. Es könnten Geschwister sein. Oder Mutter und Tochter.«

Nele freut sich riesig. »Mami hat immer gute Ideen«, sagt sie und dreht sich um die eigene Achse. Ihre neuen Ohrringe glitzern wie kleine Sterne. Sie vergisst für einen kurzen Augenblick die Gegenwart. Als sei Mami jetzt bei ihr. »Wie stehen sie mir, die Ohrstecker?«, will sie wissen.

»Du siehst super aus«, sagen Sylvia, Mattusch und ich gleichzeitig. »Du musst sie so oft tragen, wie du kannst.«

»Auch in der Schule?«

»Auch in der Schule.«

»Auch beim Tanzen?«

»Auch beim Tanzen.«

Vor dem letzten Geschenk wird Nele bang, bemerken wir. Sie zappelt nicht mehr so aufgeregt. Der blütenweiße Briefumschlag liegt vor ihr. Ungeöffnet. »Es ist besser, wir gehen nach draußen«, schlage ich vor. »Dann kannst du den Brief von deiner Mami ganz allein für dich lesen. In aller Ruhe und ungestört.« Nele findet meinen Vorschlag in Ordnung.

»Meine wilden Jahre sind längst vorbei.«

Keine zehn Minuten später steht Nele im Wohnzimmer. Sie hat ihre Beine gekreuzt, einen Fuß über den anderen geschlagen. Sie lenkt ab, schaut auf die große, dunkelgrüne Tafel hinter der Tür und schlägt vor: »Wollen wir Schule spielen?«

Wir reagieren verdutzt. Schule spielen – jetzt? Über den Brief von ihrer Mama möchte sie anscheinend nicht reden. Wir schlüpfen in die Rolle gelehriger Schüler und nehmen auf den beiden winzigen Kinderstühlen Platz, die gemeinsam mit einem Mini-Tisch direkt vor der übergroßen Schultafel stehen. Nele baut sich vor uns auf und nimmt einen Schwamm in die Hand. Sie säubert die Tafel.

Komisch, wie man sich in solchen Momenten tatsächlich an die eigene Schulzeit erinnert. Ins Gedächtnis rücken die alten Lehrer, ihre Gesten, ihre Mimik. Sylvia scheint es ähnlich zu ergehen, nervös ruckelt sie auf ihrem Stuhl hin und her.

Nele bemerkt unsere Unruhe. »Bitte jetzt aufmerksam bleiben«, tadelt sie in unsere Richtung. Dann nimmt sie ein Stück Kreide und schreibt in großen Lettern »Diktat« an die Tafel, dazu links das Datum und rechts »Name«. Mit der Unterrichtsvorbereitung nimmt sie es leicht. Sie wühlt in ihrem Ranzen und schlägt einen Hefter auf. Es ist, wie ich erkennen kann, ihr Deutschhefter. Sylvia und ich erhalten jeweils einen Schreibblock. Stifte stellt Nele aus ihrem Schreibetui zur Verfügung, freundlicherweise.

»Nehmt euch einen Kugelschreiber und schreibt rechts oben bitte eure Namen«, fordert sie nachdrücklich. Wir folgen ihr gehorsam. Nele startet mit dem Diktat. Nach jedem Wort macht sie eine Pause, schaut prüfend auf unsere Blätter. Das geht gut eine halbe Stunde so. Unterhalten, miteinander reden, ist streng verboten. »Wer quatscht, bekommt die Note sechs«, verkündet sie ernst. Nele sammelt unsere Diktate ein und sagt süffisant: »Na, auf die Korrektur freue ich mich schon jetzt!«

Sylvia und ich wollen gerade aufstehen, als uns Nele zurechtweist: »Der Unterricht ist noch nicht zu Ende! Es beginnt die Englischstunde!«

Wir schauen uns an. »Sehr gerne, Frau Bendrick«, kokettiere ich. Nele ist kurz verwirrt und liest dann aus einem Englischbuch vor. Wir müssen übersetzen und die englischen Worte notieren. Plötzlich melde ich mich, schnipse mit den Fingern und rufe: »Frau Bendrick, wann ist denn Pause?«

»Wenn ich es sage! Karsten, bitte keine weiteren dummen Fragen!«

Das saß. Sylvia und ich halten bis zum Ende der Stunde tapfer durch. Sie gibt uns Hausaufgaben auf und ermahnt zum Abschluss: »Bitte in aller Ruhe das Zimmer verlassen!«

Wir schleichen auf leisen Sohlen hinaus. Gerade war es eine Sekunde ruhig, als Mia ins Zimmer tritt. Mit der Ruhe ist es vorbei. Sie baut sich vor Sylvia auf und plappert sofort drauflos: »Du bist hübsch, darf ich dich schminken?«

Nele verdreht die Augen. »Ich hoffe, du weißt, worauf du dich jetzt einlässt«, kündigt sie belustigt an. Sylvia lächelt und bringt es nicht fertig, Mias Bitte abzuschlagen. »Klar kannst du mich schminken«, sagt sie und beugt sich zu Mia, die freudestrahlend ein farbenfrohes Schminkset ausbreitet.

»Wir gehen lieber an meinen Schminktisch«, schlägt Nele vor. »Sonst sieht das Wohnzimmer aus wie ein vollgeschmierter Kosmetiksalon.« Sie wirkt bedrückt. Wahrscheinlich liegt es an dem Brief, den Andrea vor Monaten an genau jenem Schminktisch in Neles Zimmer geschrieben hat. Sylvia hat dort nun Platz genommen und schaut in den runden Spiegel. Auf der Tischplatte stehen Haarspray und eine goldfarbene Parfümflasche. An der Seite hängt eine Haarschleife aus Gold, gekrönt mit einer rosafarbenen Fliege. Sie gehört Mia, ohne Zweifel, der künftigen kleinen Meerjungfrau.

Mia schwingt einen kleinen Pinsel mit Rouge in der Hand. Nele macht sich lustig, wie dick Mia die Farbe aufträgt, in kräftigen Schichten, eine über die andere. »Die Schminksachen gehören Mama, jetzt sind sie bald aufgebraucht, weil es Mia übertreibt«, kritisiert Nele und verschränkt die Arme vor der Brust. Sylvia verwandelt sich von

Minute zu Minute. Allein das tiefe Blau über ihren Augen stellt alles in den Schatten. Zum Glück wirft sie keinen Blick in den Spiegel. »Sylvia wird schockiert sein«, bestätigt Nele meine Vermutung. Sie greift sich Mias halblangen Haare und dreht sie zu zwei Zöpfen, die sie vorsichtig hochsteckt. Zwischen ihren Fingern entstehen zwei kleine, niedliche Hörnchen aus Haaren. »Das passt jetzt, ein richtiges Teufelchen«, sagt Nele lachend.

Sylvia wird von Mia mit Wattepads abgetupft. Die Szene gewinnt etwas Absurdes, die völlig überschminkte Sylvia und die kleine Kosmetikberaterin Mia, die immer noch nicht zufrieden ist. Sie nimmt sich jetzt Sylvias Augenbrauen vor und zieht zwei große, dunkle Kreise. »Fertig«, freut sie sich. Die durchsichtigen Plastikboxen mit den Kosmetikfarben sind bis auf den Grund ausgereizt. Sylvia öffnet ihre Augen, sie unterdrückt ihren ersten Schreck nach dem Blick in den Spiegel.

Nele lacht lauthals. »An mich lasse ich Mia gar nicht mehr ran«, urteilt sie über ihre kleine Schwester und verdreht die Augen. »Beim Schminken muss sie noch viel lernen.«

Andrea, fällt mir ein, legte nie großen Wert auf übermäßiges Schminken. Sie war eher der unauffällige Typ, sie bevorzugte ein leichtes Make-up, auch schon in den Jahren vor dem Ausbruch ihrer schweren Krankheit. Nur wenn sie Diskotheken besuchte, legte sie mal mehr auf. Ein Foto mit einer Freundin zeigt sie betont geschminkt mit glitzerndem Eyeliner und knallroten Lippen. »Meine wilden Jahre sind längst vorbei«, hatte sie dazu angemerkt. Als sie ihr Bruder

Mattusch vor Jahren jedes Wochenende zum Abfeiern nach Leipzig fuhr, immer in dieselbe Bar oder in Gaststätten in der Nähe. Andrea liebte die Unterhaltung, das illustre Treffen mit Freundinnen und Freunden. Wie ein Schatten begleitete sie Mattusch in jener Zeit, der eher schüchtern dabeisaß und aufmerksam zuhörte, während seine Schwester im Mittelpunkt stand. Andrea genoss das. Ein Bad zu nehmen in der tobenden Menge.

Sylvia und Mia sind im Badezimmer verschwunden, betrachten sich vor einem körperhohen Spiegel. Die Künstlerin und ihr Model. Mia lächelt zufrieden. Nele verbleibt am Schminktisch, tritt nervös von einem Fuß auf den anderen. Sie beginnt, in ihrem Zimmer Rad zu schlagen. Sie reagiert sich wohl ab. Danach herrscht seltsame Ruhe.

»Ich liebe dich, meine Wunderschöne!«

»Ihr könnt jetzt wieder in mein Zimmer wechseln, wenn ihr wollt«, sagt Nele wie nebenbei. Wir blicken uns an und folgen ihr. Die geschminkte Sylvia überlässt Mia der Oma, die sie ins Wohnzimmer führt. Mattusch verabschiedet sich, er muss zurück in die Werkstatt. Seine Arbeit ruft. Nele ist aufgedreht. Der offene Briefumschlag liegt auf ihrem Schreibtisch, der Brief mitten auf ihrem Bett. »Hast du gelesen, was deine Mami geschrieben hat?« Wir sind neugierig.

»Ja, habe ich«, antwortet sie. »Aber die Schrift von Mama ist manchmal nur schwer lesbar«, bemängelt sie. Auch jetzt verhält sich Nele wie eine Lehrerin. Sie setzt sich im Schneidersitz auf ihr Bett, dreht den Brief in ihren Händen. Wir setzen uns zu ihr. Als ich Andreas Schrift erkenne, sehe ich sie vor mir, wie sie am kleinen weißen Schminktisch hockt, den Kugelschreiber in ihrer linken Hand hält, nachdenkt und formuliert. In dieser Position hatte ich sie fotografiert.

»Nele hat mich beim Schreiben nicht ein einziges Mal erwischt«, vertraute sie mir damals an. »Auch, wenn es manchmal ziemlich knapp war.«

Die fertigen Briefe versteckte Andrea in ihrem Schlafzimmer, bis sie eine Freundin abholte und verwahrte. Die Briefe werden gehütet wie ein Schatz. »Nele hätte sonst alles entdeckt, vor ihr bleibt nichts verborgen«, lachte Andrea. »Sie handelt wie der beste Detektiv, schon als Kleinkind war kein noch so gut verstecktes Weihnachtsgeschenk vor ihr sicher.«

Nele zeigt uns die lieben Zeilen von ihrer verstorbenen Mami. Ich erkenne auf der Stelle Andreas gelochtes Karomusterpapier. Vorlesen will sie den Brief nicht, sie möchte das vertraute Zwiegespräch zwischen ihr und ihrer Mama nicht stören und öffentlich machen. Aber wir dürfen den Brief lesen, den sie dennoch nicht aus der Hand gibt.

»Meine geliebte Nele«, beginnt die von Andrea beschriebene Seite. »Du wirst heute zehn Jahre.« Wir nehmen Nele in den Arm, Sylvia von links, ich von rechts. Das Geburtstagskind schaut auf ihr schönstes Geschenk am heutigen Tag. »Nun darfst du entscheiden, ob Gymnasium oder Realschule. Egal, was du wählst, wir sind stolz, lieben dich und stehen hinter dir.« Ich frage nach. »Ich werde aufs Gymnasium nach Hohenmölsen wechseln«, sagt Nele bestimmt. »Ab August beginne ich dort die fünfte Klasse. Auch Mama war an dieser Schule. Sie schwärmte immer von diesem Gymnasium. Es war ihre schönste Zeit. Auch sie wollte damals unbedingt Lehrerin werden. Genau wie ich heute. Und wisst ihr, was besonders witzig ist?«

Wir verneinen.

»Manche Lehrer, die schon meine Mama unterrichteten, sind immer noch an der Schule. Sie werden mich ständig mit Mami vergleichen, fürchte ich. Aber vielleicht schaffe ich, was Mami nicht mehr erreichen konnte: eine richtig gute Lehrerin werden.«

Wir lesen gemeinsam weiter: »In dem Alter geht es los. Man hat oft Streit mit den Eltern. Diese sorgen sich, weil es schwer ist, seine Kinder groß werden zu sehen. Du bist nun schon sehr selbständig, das ist nicht leicht für Eltern.«

Andrea hat recht, natürlich. Wir alle kennen diese Phasen. Nele wirkt sehr erwachsen und reif für eine gerade Zehnjährige. Sie schwankt ständig zwischen kleinem Mädchen und Teenager. Auf der einen Seite verspielt und vorwitzig, auf der anderen Seite verständnisvoll und altklug. Manchmal foppt sie die Erwachsenen sehr kindisch, manchmal stellt sie hochintelligente Fragen, auf die keiner so leicht eine rechte Antwort weiß.

Und manchmal fährt sie anderen über den Mund, wie es Pubertierende tun, die ihre Grenzen austesten. Trotzdem verzeiht ihr innerhalb der Familie jeder nahezu alles. Es ist Neles unverwechselbare Art, vorn zu stehen und voranzugehen.

»Und manchmal vergessen wir Eltern, dass du noch viel Zeit zum Spielen brauchst. Nimm dir die Zeit.« Andrea weiß um die große Verantwortung, die Nele nach ihrem Tod übernehmen muss. Vor Monaten meinte Andrea zu mir, dass sich Nele gern als Muttersatz für ihre kleine Schwester Mia sehe. »Ich kann das sehr gut, Mama sein«, beteuerte Nele ihrer Mama immerfort. »Wenn Not am Mann ist, helfe ich. Deshalb möchte ich ja auch Lehrerin werden. Gutes tun für andere Menschen. Das hast du mir beigebracht. Als wichtigste Regel im Leben.« Andrea verstand das. Doch sie verstand auch, dass Nele ein Kind ist und man Kinder nicht überfordern darf. »Nele muss sich entwickeln können, sie braucht einen freien Kopf und Freiraum für ihre Interessen«, sagte sie. »Wenn man als kleines Mädchen zu sehr auf sich allein gestellt ist, mutiert man schnell zum Außenseiter auf dem Schulhof. Das darf nicht passieren. Nele braucht ihre Freundinnen, sie muss mit ihnen spielen und reden. Das macht sie, darüber bin ich froh.«

Wir überfliegen Andreas letzte Zeilen und Tipps: »Und wenn ich mal nicht da bin, suche dir immer eine Frau zum Schnattern.« Sie nennt die Namen ihrer Freundinnen. »Egal wer, sie sind für dich und deine Schwester da.«

Nele streift mit ihren frisch manikürten Fingern an den Seiten des Briefes entlang, behandelt das Papier wie ein rohes Ei. Ihre Mama scheint nicht gegangen zu sein. Der lange Kampf, die Qualen, die Schmerzen, die zerstobenen Hoffnungen, alles für einen Augenblick vergessen. Wenn eine Mutter Ratschläge gibt, auf welche Art auch immer, kann sie nicht fort sein.

Im Innersten freue ich mich, wie Sylvia von Nele aufgenommen und akzeptiert wurde. Selbstverständlich sei das nicht, hatte mich Opa Tilo gewarnt. Nele zeige sehr deutlich, wen sie in ihr Herz schloss und wen nicht. Sylvia darf sich nun zu den Freundinnen zählen, die für Nele da sind.

Am Ende des Briefes verabschiedet sich Andrea von ihrer Tochter: »Ich liebe dich, meine Wunderschöne! Drück und küss dich – deine Mami.« Es sind genau diese Zeilen, die Andrea unverwechselbar und einzigartig machen.

Nele sieht unsere betroffenen Gesichter, springt vom Bett und zeigt uns schnell eine App auf ihrem Handy, vielleicht, um uns fröhlicher zu stimmen. »Wollt ihr mich mal tanzen sehen?«, fragt sie. »Das habe ich mit meinen Freundinnen aufgenommen. Wir schicken uns das hin und her. Ein kleiner Wettbewerb, wer das beste Musikvideo nach einem bekannten Song dreht.«

Sie tippt routiniert auf das Display und schon blitzt Nele auf, die mit Händen und Beinen coole Bewegungen zu einem Titel von Justin Timberlake vollführt.

»Das sieht super aus«, lobt Sylvia, während sie sich verstohlen mit ihrer rechten Hand eine Träne aus dem Auge wischt.

Andreas letzte Worte, besonders der Satz »Ich liebe dich, meine Wunderschöne!«, sind es, die Wirkung zeigen, wie eine Wundermedizin, die, kaum eingenommen, auf der Stelle anschlägt.

Nele setzt sich wieder zu uns und faltet den Brief von Mama Andrea sorgfältig zusammen.

»Das Einzigartige an Musik ist, dass jeder Song eine persönliche Stimmung wiedergibt. Musik ist Medizin.«

Gemeinsam sitzen wir am Wohnzimmertisch. Mattusch ist aus der Werkstatt zurück, legt ein paar Scheite Holz in den Kamin. Nun fehlt nur noch die passende Musik. Sylvia kramt ihr iPad aus der Tasche und sagt: »Mein Produzent aus London hat meine Melodie in ein Soundkleid gesteckt, sanft gespielt auf Synthesizern, die so alt sind wie ich, Jahrgang 1981.« Mattusch schaut interessiert. Sylvia drückt den Startknopf, die ersten, weichen Takte erfüllen den Raum. Es ist vorerst das Intro, die Einführung, mit einer Klangspur, die nach Kirchenorgel klingt. Dazu ein ruhiger, echter Herzschlag-Rhythmus. Mattusch senkt den Kopf. Die Melodie nimmt ihn mit.

Meine Gedanken sind noch einmal in London beim Produzenten Martin Dubka. Ein Soundbastler in Sylvias Alter. Er sammelt Synthesizer der Marken Roland und Obheim, Minimoogs und elektronische Rhythmusmaschinen. Es ist die Musik der achtziger Jahre, die es ihm angetan hat. Sounds von den Pet Shop Boys, Phil Collins, von Erasure, a-ha und Annie Lennox – er hat sie alle verinnerlicht, kann jeden Hit aus dieser Zeit sezieren und wieder zusammensetzen. Andrea mochte diese Musik. Das sagte sie mir häufig. Für Martin Dubka war es die erste deutsche Produktion, wir hatten ihn über einen befreundeten englischen Popmusiker kennengelernt.

In Martin Dubkas kleinem Studio in London Eastwick mit grandiosem Blick auf das Londoner Olympiastadion habe ich Sylvias Text übersetzt und Martin von Andreas Geschichte berichtet. Es gibt keinen, ob Vertrauter oder Fremder, den Andreas Geschichte kalt lässt. Martin lieferte einen Soundteppich, nicht dick aufgetragen, ein bisschen wie Phil Collins in seinen großen Balladen. Zurückhaltend, ohne Druck, aber hintergründig eingängig. Dazu die gefällige, fast schlagerartige Melodie von Sylvia, der Text mit Andreas Namen an der Spitze, das Ganze eine musikalische Melange im angesagten Downsizing-Stil, die uns Andrea und ihr Leben gegenwärtig werden lässt.

An zwei sonnigen Tagen im Juni sang Sylvia Andreas Lied ein, in einer deutschen und in einer englischen Variante. Das ist Andreas Vermächtnis, wussten wir alle, wenn ihr gesungener Vorname im Studio erklang. Und dann noch in London, in Andreas Lieblingsstadt.

Die letzten Takte des Songs verklingen in Röcken. Das Knistern im Kamin ist wieder deutlich zu hören. Mattusch sitzt fast starr, er reibt sich die Hände am grünen Werkstattoverall. »Das klingt wirklich gut«, sagt er anerkennend. Ich ahne, er hat Andrea, seine Schwester, vor Augen. Sylvia hat sie ihm zurückgebracht – mit ihrer Melodie und ihrem Text. Denn Musik schafft Bilder im Kopf. Andrea hörte viel Musik. Wie sagte sie zu mir? »Das Einzigartige an Musik ist, dass jeder Song eine persönliche Stimmung wiedergibt. Musik ist Medizin.«

Wir atmen auf. Sylvias Mühe hat sich gelohnt. Nach dem Abmischen geht das Lied für Andrea zum Pressen in das CD-Werk. Mattusch stimmt zu. Er kannte seine Schwester in- und auswendig. Ihre Reaktion wäre wie stets gewesen, sie hätte sich tausendfach bedankt. »Andrea hätte sich ausgiebig bedankt, wieder und wieder. Das hat sie von klein auf getan.«

Ihre überschwänglichen Danksagungen kenne ich auch. Mündlich wie schriftlich. Aus unseren Gesprächen, aus unseren Diskussionen in den sozialen Netzwerken. Während Mattusch lieber weniger sagt, liebte es Andrea geradezu, ihre Gefühle hinauszuposaunen.

Wie oft schrieb sie »Ich möchte mich bei allen dafür bedanken« oder »Ohne euch wäre das niemals möglich gewesen«? Für die Hilfe beim Ausbau der Wohnung, für Benefizveranstaltungen zugunsten der Familie, für die Freundin, die noch am späten Abend leckere Garnelen vorbeibrachte, weil Andrea Heißhunger darauf verspürte.

»Dankbarkeit macht unser aller Leben einfacher«, dozierte sie in einem Gespräch. »Hilfe ist doch keine

Einbahnstraße und schon gar keine Selbstverständlichkeit. Man kann sich gar nicht genug bedanken!«

Wir sitzen noch, trauen uns nicht zu rühren, ehe ich den Anfang mache. Beinahe hätte ich jedoch Wichtiges vergessen: »Wir wollen für den Song ›Andrea‹ ein Musikvideo drehen. Es soll einfach schön sein, ohne Action und ohne Effekthascherei. Wir haben ein Leipziger Drehteam gefunden. Sie werden Andreas Lied in schöne Bilder verwandeln.«

In diesem Moment stürmt Nele ins Wohnzimmer. Sie hat in ihrem Kinderzimmer die Ohren gespitzt und alles mitbekommen. »Ein echtes Musikvideo?«, fragt sie prüfend. »Dürfen wir da mitmachen?«

Sylvia und ich schauen uns perplex an, Mattusch lächelt verlegen. Er kennt seine Nichte und ihren Dickkopf genau. »Wir überlegen uns das«, reagieren wir erstmal abwiegelnd.

»Bitte, bitte«, bettelt Nele und streckt ihren Kopf. »Mit unseren Cheerdancern drehen wir auch immer ein Musikvideo! Ich habe doch heute Geburtstag, wäre das nicht noch ein besonderes, ein wunderbares Geschenk?«

Was würde Andrea dazu sagen, geht es mir durch den Kopf. Wie ich sie kannte, würde sie Nele zur Seite nehmen, sie an beiden Armen zärtlich berühren und ihr wohlwollend zusprechen: »Probiere dich aus, meine liebste Nele. Entdecke deine Stärken. Tanzen ist doch deins, das weiß ich genau. Vielleicht entdeckst du ein weiteres Talent in dir! Du willst es und du kannst es, meine Wunderschöne!«

Mit Andreas Stimme im Ohr lächle ich. Sie hätte es gewollt, bin ich mir absolut sicher. Wir sind uns alle einig in diesem Moment. »Dann gehen wir es gemeinsam an«, sage ich beruhigt in die Runde.

Sylvia steckt ihr iPad in eine blaue Papiertüte, wir verabschieden uns nacheinander von Mattusch, Mia und Nele. Nele wirkt aufgedreht, wie immer. Die letzten Stunden ihres zehnten Geburtstages sind angebrochen. Dem ersten Geburtstag ohne Mama. Sie wird diese Nacht schlecht einschlafen.

Wir hatten wieder vor der geschlossenen Gaststätte mit dem absurden Schild geparkt. Auf dem Parkplatz rauche ich neben dem Auto noch eine Zigarette, wir reden dabei über den Dreh des Musikvideos. »Findest du es in Ordnung, die Mädchen einzubeziehen?«, fragt Sylvia.

»Du hast doch Neles Reaktion erlebt«, antworte ich. »Sie wollen mitwirken. Aber wir sollten nichts spielen, gar nicht erst versuchen, etwas nachzuahmen. Authentisch muss es sein, eine unauffällige Begleitung durch das Kamerateam im Hintergrund. Eine stille Dokumentation.« Sylvia stimmt mir zu. »Das ist eine gute Idee. Wir machen Picknick, gehen gemeinsam shoppen, spielen und essen Eis.«

Ich nicke: »Ja, ein Tag in Leipzig. Dort haben wir alles, einen wunderschönen Park, die Innenstadt mit ihren Geschäften, Spielplätzen und Cafés.«

Wir fahren aus Röcken ab mit einem guten Gefühl im Bauch. Zuhause in Leipzig vermissen wir plötzlich Sylvias iPad. »Du hattest die Papiertüte in der Hand«, erinnere ich mich genau. Wir suchen überall, im Kofferraum, in jedem

Winkel der Wohnung, das iPad bleibt wie vom Erdboden verschluckt.

»Dann können wir es nur in Röcken vergessen haben«, überlege ich. Umgehend schicke ich Mattusch eine SMS.

»Oh«, schreibt er voller Bedauern zurück. »Ich werde gleich mal nachsehen.« Nach einer Weile blinkt mein Handy: »Nichts gefunden!«

Sonderbar. Ich gehe jedes Detail unseres Abschieds in Röcken noch einmal in Gedanken durch. Wo lag das iPad zuletzt? Warum ist es spurlos verschwunden, nachdem kurz vorher Andreas Song abgespielt wurde? Aufgeregt legen wir uns schlafen, bekommen aber kein Auge zu.

Am nächsten Morgen brechen wir erneut nach Röcken auf. Es ist ein halb elf Uhr und die Sonne scheint bereits erbarmungslos. Wir biegen auf den kleinen Parkplatz ein und bremsen abrupt. Mitten im heißen, staubigen Kies liegt die blaue Tüte, sie ist platt, ein Auto fuhr sichtbar darüber. Es hinterließ sogar Reifenspuren. Das staubgraue Muster ist genau zu erkennen. Sylvia springt vom Beifahrersitz aus dem Wagen und schaut in die Tüte. Das iPad liegt darin, intakt. Sylvia entsperrt das Display, es funktioniert. Nur an der Rückseite entdecken wir kleine Dellen. Das Auto muss das Tablet tief in den Kies gedrückt haben. »Über meinem iPad wachte wohl ein Schutzengel«, freut sich Sylvia. »Es ist ein Wunder: Obwohl es die ganze Nacht hier lag, hat es keiner entdeckt und gestohlen. Und obwohl ein Auto seine Spuren hinterlassen hat, ist nichts weiter passiert. Nur ein paar winzige Kratzer hat es abbekommen.«

Mir liegt auf der Zunge: »Andrea hat von oben aufgepasst wie ein Schlosshund. Glaube mir, sie hat uns beschützt!«

Wir berichten Mattusch von unserem seltsamen Glück. Er sitzt am Computer im Büro seiner Werkstatt und atmet auf. »Es lag da wirklich auf dem Parkplatz?«, fragt er verwundert.

»Ja, die ganze Nacht über«, antworten wir. »Und es ist nichts passiert. Obwohl ein Auto darüberfuhr.«

Mattusch kramt in der Tasche seines Overalls und zeigt sein Smartphone. »Schaut mal auf mein Display, alles voller Kratzer«, schmunzelt er. »Mein Handy fiel mir aus der Tasche, anschließend ging unbemerkt eine Rüttelplatte drüber. Damals, als wir unseren Hof eben gemacht haben. Den tonnenschweren Druck hat es ausgehalten. Unglaublich.«

Wir lachen herzlich. Dann kommt er auf das Musikvideo zu sprechen. »Nele hat gestern Abend deine ganzen NEA!-Musikvideos geschaut«, sagt er zu Sylvia. »Sie findet sie cool.«

Es klingt ungewohnt, wenn Mattusch das Wort »cool« ausspricht.

Mir ist in diesem Moment klar: Die Mädchen wollen unbedingt beim Dreh mitmachen. Und sie wollen keine Rollen, kein Drehbuch, sondern sich selbst spielen. Wie sie sind, authentisch und natürlich.

Wir verabreden, am 11. Juli, früh um neun Uhr, Nele und Mia in Röcken abzuholen.

»Die beiden werden fertig sein, wenn ihr kommt«, verspricht Mattusch. »Ich packe ihre Rucksäcke.«

»Eine Freundschaft ist wie ein Netz, das uns auffängt, wenn wir mal die Balance verlieren.«

Sylvias Auto ist vollgepackt am 11. Juli. Unsere befreundete Fotografin Claudia, die uns zum Dreh begleitet, stellt uns einen besonderen Picknickkorb zur Verfügung: sehr edel, fertig gefüllt mit in dunklem Leder eingebundenen Gläsern und Besteck in den Seitentaschen. Dazu Äpfel, Bananen, Möhrchen, Gurken, Würstchen, Butter, Mineralwasser und Säfte. Wir hatten Nele gefragt, was sie und ihre Schwester besonders mögen. Ein ausgewähltes Menü für die beiden. Und frische Brötchen, zwei davon in Herzform. Weil auch Andrea Herzen liebte. Eine blaugrün karierte Wolldecke, blaue Pappteller und verschiedenes Spielzeug: Luftballons, Bälle und eine rote Seifenblasenmaschine. Nele und Mia können damit um die Wette pusten. Wie sie es damals mit ihrer Mama Andrea machten, denke ich.

Wir fahren sehr zeitig los, um zuerst die beiden Mädchen in Röcken abzuholen, danach treffen wir uns mit dem Drehteam in einer Gaststätte im Leipziger Park, der mitten in der Stadt liegt. So ist es vereinbart.

Um nach Röcken zu kommen, müssen wir ein kurzes Stück Autobahn fahren, keine zehn Kilometer. Kaum sind wir auf die Autobahn gefahren, beginnt der Verkehr sich zu stauen. Warnblinkleuchten überall. Beide Spuren sind verstopft, nichts geht mehr. Nervös schaue ich auf die Uhr. »Noch haben wir Zeit«, versuche ich, Sylvia zu beruhigen.

»Das sieht nach einer Vollsperrung aus, das ist kein normaler Stau«, entgegnet sie. Langsam wird mir auch mulmig. Im Internet stöbere ich aufgeregt nach einer Stauinformation. Noch ist nichts zu finden. »Das muss just in dem Moment passiert sein, als wir auf die Autobahn gefahren sind«, stelle ich fest. Unser Problem macht das nicht kleiner. Ich steige aus und versuche, den Grund für den Stau zu entdecken, irgendwo in der Ferne, am Anfang der Blechlawine.

Viele Fahrer haben ihren Wagen inzwischen verlassen, schauen mürrisch. Wenn das ein Unfall war, kann es dauern. Von hinten bahnt sich die Feuerwehr eine Gasse durch die Wartenden. Jetzt ist der Stau auch im Internet angekommen. Meine Stau-App nennt mir die Ursache: »Brennender LKW zwischen den Anschlussstellen Leipzig-Südwest und Lützen. Die Autobahn A 38 ist derzeit voll gesperrt. Bitte diesen Autobahnabschnitt weiträumig umfahren.«

Wir können es nicht fassen. Mittendrin stehen wir, können weder vor noch zurück. Wir werden auf keinen Fall pünktlich bei Nele und Mia sein, obwohl sie nur wenige Kilometer entfernt auf uns warten. Ich rufe Mattusch aufgeregt an, erzähle ihm von der Vollsperrung, ausgerechnet heute und jetzt. Mattusch nimmt es locker. »Keine Panik, Nele und Mia haben ihre Sachen fertig gepackt. Ich werde sie noch eine Weile beschäftigen. Wir warten auf euch.« Dann tröstet er uns, indem er von seinem jüngsten Ausflug nach Berlin berichtet: »Ein totales Stauchaos. Ich kam erst drei Stunden später an. Einfach die Ruhe bewahren. Es kann jedem passieren.«

Als es viertel vor neun Uhr ist und sich nach wie vor nichts bewegt, fällt uns eine Lösung ein. Wir rufen Claudia an, die Fotografin. Sie bemerkt, wie hektisch wir sind. Claudia beruhigt uns ebenfalls. »Ich werde die Mädchen abholen, wir treffen uns dann entspannt in der Park-Gaststätte«, schlägt sie vor.

Wir sind erleichtert. »Du bist die Beste«, rufen wir unisono ins Handy. Sylvia fällt ein Stein vom Herzen. »Wir haben wieder Glück gehabt«, atme ich auf. »Wäre Claudia heute nicht dabei, wäre unser Videodreh wohl ins Wasser gefallen.«

Mich überkommt ein seltsames Gefühl, ein warmer Hauch scheint mich zu streifen. Dasselbe Gefühl, als ich den von Mia auf dem hölzernen Kalender gesteckten, wie vorausgesehenen Todestag von Andrea auf meinen Fotos entdeckte, als Sylvias iPad mit dem Andrea-Song darauf eine ganze Nacht auf einem Parkplatz in Röcken lag, ein Auto darüberfuhr, sogar Reifenspuren hinterließ, und trotz alledem nichts passierte. Und nun dieser obskure Stau auf einem Autobahnabschnitt, den ich hunderte Mal zuvor passiert habe, ohne jemals einen Stau, geschweige denn eine Vollsperrung, erlebt zu haben.

Alles nur reine Zufälle?

»Glaubst du, es existieren Schutzengel?«, frage ich.

Sylvia nickt. »Sicher, die gibt es. Wir haben es doch schon mehrfach erlebt.«

Wir hatten, wiedermal, dieselben Gedanken. Schutzengel. Ein großes Thema. Auch in meinen Geschichten als Reporter. Nun widerfährt Sylvia und mir ebenfalls jenes gute Gefühl, dass da jemand ist, den wir nicht sehen, der aber auf uns aufpasst. Und, daran glaube ich längst, dieser Schutzengel hat einen Namen: Andrea. Eigentümlich, dass uns erst nach dem Kennenlernen mit Andrea solche irrwitzigen Situationen ereilen.

Wir stehen noch eine geschlagene Stunde auf der Autobahn. Als sich die Automassen langsam in Bewegung setzen, klingelt mein Handy. Claudia wartet mit Nele und Mia und dem Drehteam in der Leipziger Park-Gaststätte. »Ich habe die beiden Mädchen versorgt, sie trinken Saft und essen eine Kleinigkeit. Wir haben also Zeit. Vorhin sind wir übrigens aus der anderen Richtung an euch vorbeigefahren, die Mädchen haben euch zugewinkt. Ihr habt es leider nicht bemerkt.«

Wir sind erleichtert, atmen auf. Der Tag ist gerettet. Dank Andrea, unserem Schutzengel. Die nicht nur über ihre beiden Töchter wacht, sondern scheinbar auch über uns.

Mit einem guten Gefühl kommen wir im Leipziger Park an. Auf den Grünflächen entspannen junge Leute, haben ihre Decken ausgebreitet, spielen Frisbee. Überall fröhliche

Gesichter. Wir schlängeln uns an den Menschen vorbei in Richtung Gaststätte. Zuerst entdeckt uns Nele. Sie stürmt auf Sylvia zu, umarmt sie und gibt ihr sogar einen Kuss. »Wir sind an euch vorbeigefahren«, sagt sie noch einmal. »Der Stau auf eurer Seite war unendlich lang. Und den brennenden LKW haben wir auch gesehen.«

Sie nimmt Sylvia an die Hand. Wir begrüßen das Drehteam und Claudia, unsere Retterin in der Not. »Lasst uns gleich beginnen«, schlage ich vor. Nele und Mia jubeln. »Gehen wir zuerst auf den Spielplatz.« Nele, Mia und Sylvia ziehen los. Sie halten sich an den Händen. Nele trägt eine rosafarbene Sommerjacke, auf Mias T-Shirt leuchtet ein pinkfarbenes Einhorn. Zwischen ihnen läuft Sylvia. Zwei kleine Mädchen mit einer jungen Frau, die ihre Mutter sein könnte. Nur wenige Jahre älter als Andrea. Alle drei nehmen auf lustigen Steinfiguren Platz und kuscheln sich aneinander. Allmählich tauen Nele und Mia auf. Sie wechseln zu einer Rutsche, der wie ein Elefantenkopf aussieht. Die beiden nehmen Schwung, sie quieken vergnügt, steigen die kleine Treppe zur Rutsche wieder und wieder hinauf.

Neles Ohrringe blitzen. Es sind die neuen Ohrringe, das Geburtstagsgeschenk von ihrer Mama. Die liegende Acht, das Zeichen der Unendlichkeit. Mia steht neben der Rutsche und beobachtet ihre große Schwester. Anne vom Videodrehteam hockt sich zu ihr, fasst sie am Arm und fragt: »Na, wie alt bist du denn?« Mia schaut plötzlich traurig und antwortet: »Ich heiße Mia und bin vier Jahre alt. Und meine Mama ist schon gestorben.«

Anne zuckt leicht zurück. Mit dieser Antwort hatte sie nicht gerechnet. Sie schaut hilfesuchend zu mir. Ich winke ab und lege einen Finger auf den Mund. Nicht weiter nachfragen, möchte ich ihr signalisieren. Anne versteht. Wir wissen nicht, wie Nele und Mia den Verlust ihrer geliebten Mama verarbeiten. Wir können es höchstens erahnen. Während Nele offener damit umgeht, ist Mia mehr in sich gekehrt. An diesem sonnigen Tag dürfen sie so sein, wie alle anderen in ihrem jungen Alter auch.

Sylvia, Nele und Mia fassen sich an den Händen und laufen eine baumgesäumte Allee am Leipziger Elsterkanal entlang. Sylvia nimmt Mia huckepack, Mia strahlt übers ganze Gesicht und jauchzt. Nele tänzelt vor den beiden und schaut immer wieder mit großen Augen zu Mia. Mia ist plötzlich so groß geworden. Es ist für Nele ungewohnt, dass sie zu ihr aufschauen muss.

Als Beobachter stellt sich mir in diesem Augenblick die Frage nach dem Glück. »Das Glück kommt zu denen, die lachen«, fällt mir ein Satz von Andrea ein. Oder: »Das Glück erkennt man nicht mit dem Kopf, sondern mit dem Herzen.« Oder: »Glück ist etwas, was man geben kann, ohne es zu haben. Glück ist das Einzige, das sich verdoppelt, wenn man es teilt.«

Den Mädchen geht nach einer Weile die Puste aus. »Wir machen Pause«, schlägt Nele vor. »Du hast doch Picknicksachen dabei.« Neugierig wirft sie einen Blick in den Kofferraum von Sylvias Wagen. Natürlich entdeckt sie den edlen Picknickkorb aus Weidenholz und Leder. »Der gefällt mir! Den möchte ich tragen!« Sie schleppt den schweren

Korb allein Richtung Wiese. Sie will sich nicht helfen lassen. »Hier ist es schön, unter dem schattigen, dicken Baum. Bäume schützen vor der brennenden Sonne. Und sie sind sehr alt.«

Sie denkt kurz nach: »Werden alle Bäume alt?«

»Nicht alle«, entgegne ich. »Manche vermögen das nicht.«

»Klar, sie brauchen die rechte Umgebung, damit sie gut gedeihen können.« Ein Satz aus dem Biologieunterricht. Nele, die Kluge.

»Ja, es ist wichtig, wo sie ihre Wurzeln schlagen. Am falschen Platz werden sie krank.«

»Und dann können sie nicht alt werden. Nicht so alt wie dieser Baum hier.«

Nele umfasst ihn. Es gelingt ihr nicht ganz. Ihre Arme sind für den dicken Stamm zu kurz.

Sie breitet die Decke aus, zieht ihre roten Sneakers aus und kniet sich hin.

»Ich helfe dir«, sprudelt es aus ihr heraus. Nele schnappt sich eine Saftflasche, schüttelt sie kräftig und füllt mehrere Gläser. »Wer möchte alles?«, fragt sie in die Runde. Wir lächeln, heben die Hand. Nele hat die Organisation übernommen. Sie ist in ihrem Element.

Ihre Mutter hätte es mit Sicherheit genauso gemacht, denke ich. Wenn ich Nele dabei beobachte, wie sie die Pappteller und das Besteck verteilt, prüfend nach links und rechts schaut, denke ich Jahre voraus. Wenn Nele eines Tages ihr Reifezeugnis entgegennimmt und voller Stolz zu anderen sagen kann: »Ich habe mein Abitur gemacht. Wie Mami vor langer Zeit.« Und vielleicht wird sie in der Abitur-Abschlusszeitung mit einem lockeren Spruch und Fotos bedacht wie einst ihre Mama Andrea, der sie so sehr gleicht.

Ich habe Andreas Eintrag in ihrer Abizeitung vor Augen, er ist bebildert mit zwei Schwarzweißfotos. Eins zeigt sie als Kleinkind, pausbäckig lächelnd, im Jeans-Overall mit langem Reißverschluss. Auf dem zweiten Bild schaut sie lasziv in die Kamera, gerade neunzehn Jahre alt, im Profil fotografiert. Ihre Mitschüler notierten über sie: »Lehrersympathien-anziehende Sirene mit dem Talent, blind einhundert SMS in der Minute zu tippen, sucht Rosen(stolz)kavalier, der mit ihr auf die ewige Audi-Suche geht und plötzlich hereinbrechende Lachkrämpfe bekämpft.«

Ihr Charisma, ihr Engagement für andere, ihr Helfersyndrom, ihre Vorliebe für Social Media und Internet, für die emotionale, ein bisschen schmalzige Musik von Rosenstolz, ihre zuweilen ansteckende Fröhlichkeit, sind hier in einem Satz zusammengefasst. Jähe Gefühlsausbrüche erlebte ich hingegen bei Andrea nie. »Die schwere Krankheit der letzten Monate hat mich ausgeglichener und gelassener gemacht«, sagte sie damals zu mir und empfahl: »Feiere das Leben und das kleine Glück.«

Inzwischen sitzt auch Mia auf der Decke. Sie verspeist mit großem Appetit das vierte Wiener Würstchen, Nele streckt ihre Arme aus und Sylvia ahmt es nach. »Entspannungsübungen, die lernen wir in der Schule«, erklärt Nele. Die Brötchen in Herzform sind fast aufgegessen. Nele hat sich den oberen Teil aufgehoben, ihn beiseitegelegt.

Sie sucht etwas in ihrem Rucksack und kramt Mamas Geburtstagsbrief hervor. »Mia, komm bitte, wir lehnen uns an den dicken Baumstamm«, kommandiert sie gemäßigt. Mia folgt ihr ohne Worte. Nele faltet den Brief auseinander, Mia streift ganz sanft mit ihrer linken Hand darüber. Zärtlich, als sei das Papier ihr bester Freund.

Nele liest nicht vor. Für beide scheinen die lieben Zeilen von Mami eher ein Talisman, ein Glücksbringer auf all ihren Wegen. Mama Andrea hatte alles vorausgeplant und vorbereitet. Sie ist weiter ein Teil von ihren Töchtern, das ist klar. Nele und Mia sind nicht allein.

Die beiden drängen darauf, den Ort zu wechseln. Sie wollen den Park verlassen. Sie wollen in die Stadt. Sylvia und Nele schütteln die karierte Decke aus – und sie haben eine Idee: Sie packen die kleine Mia in die Decke und schwenken sie hin und her. Erst langsam, dann immer schneller. Mia kreischt. Es macht ihr Spaß. Sie hält sich fest und genießt. Sie fühlt sich wie eine kleine Prinzessin. Die sportliche Nele setzt ihre Schwester ab und schlägt ein Rad.

Sylvia fühlt sich angestachelt und macht es ihr nach. Die beiden klatschen sich freudestrahlend ab. Sylvia wagt einen Handstand und Nele schnappt sich vergnügt meinen Fotoapparat. Das will sie unbedingt festhalten. Nele hat den Modus schnell begriffen. Sie drückt auf den Auslöser, als hätte sie nie etwas anderes gemacht. »Mia, schau mal zu mir«, lockt sie. Dann macht sie mehrere Bilder von ihrer kleinen Schwester. Mia steht kerzengerade und verzieht kein Gesicht. Nele hüpft um ihre Schwester herum. Schließlich hat Mia genug. Nele betrachtet ihre Fotos auf dem Kameradisplay und scheint zufrieden. Die Kamera hat sie in ihr Herz geschlossen.

Mia entdeckt die Seifenblasenmaschine. Sie pustet mit voller Kraft – nichts passiert. Nele kommt dazu. »Du musst das anders machen«, beginnt sie zu erklären. »Erst langsam das Seifenwasser aufnehmen, bis es einen durchsichtigen Film bildet. Dann vorsichtig, aber mit voller Puste hineinblasen.«

Eine ganze Reihe schillernder Seifenblasen, große und kleine, fliegen durch den Park und zerplatzen früher oder später. »So geht das, seht ihr?« Nele ist zufrieden und möchte gelobt werden. Mia probiert es erneut, sie wedelt wild mit der rotgelben Maschine aus Plastik. Nur ab und an entsteht eine Seifenblase.

Vor Monaten war es Andreas Einfall, für meine Fotos im Röckener Kinderzimmer Seifenblasen zu pusten. Fotos prägen sich ein, während eine normale Erinnerung oft verfliegt. Geschluckt von der Flüchtigkeit des Moments.

»Shoppen, es geht zum Shoppen in die City«, rufen wir gegen Mittag zum Aufbruch. Nele strahlt, während Mia wie ein aufgezogenes Brummkreiselchen Kreise zieht.

Nele verschwindet gleich in verschiedenen Shops. Sie nimmt ihre kleine Schwester an die Hand und zeigt ihr begeistert Schuhe, Shirts, Schmuck, Sonnenbrillen.

»Einmal so richtig einkaufen gehen, die Kreditkarte glühen lassen, das haben wir alle drei geliebt. Sich etwas zu gönnen, wir sehen das als ein Stück Lebensfreude. Obwohl unser finanzieller Spielraum immer eng bemessen war und ich meine beiden Mädchen sehr sparsam erziehe«, klingen mir Andreas Worte im Ohr.

Und schmunzelnd muss ich ebenfalls an Andrea denken, als die kleine Mia eine Glastür nicht erkennt und dagegen läuft. Sie schaut sich kurz um und da keiner lachend auf ihr Missgeschick reagiert, wartet sie ab, bis sich die Türen automatisch öffnen und verschwindet im Geschäft. »Siehst du, meine Mia ist eine kleine Räubertochter«, würde Andrea jetzt sagen. »Sie steckt alles weg.«

Die Einkaufstüten füllen sich. Stolz führt Nele ihre gekauften Sachen vor. Im sonnendurchfluteten Atrium einer Einkaufsmall wedelt sie mit einem glitzernden Shirt, hält sich ein gepunktetes Sommerkleid vor den Bauch und setzt sich dazu eine blinkende Sonnenbrille auf.

Nele überlegt und hat eine Bitte an Sylvia: »Wir müssen unbedingt etwas kaufen, was wir beide gemeinsam tragen können!« Sie schaut bettelnd zu Sylvia. Natürlich schlägt Sylvia ihr den Wunsch nicht ab. Die beiden kaufen sich die gleichen Ohrstecker in Perlenform und die gleiche witzige, knallbunte Sonnenbrille.

Nele findet es überragend. »Siehst du, jetzt besitzen wir zwei Dinge, die uns miteinander verbinden. Auf alle Ewigkeit.«

Sylvia betont: »Ja, wir sind echte Freundinnen. Auch wenn ich viel älter bin als du. Ich bin sogar älter als deine Mama.«

»Das Alter ist bei einer Freundschaft schnuppe«, erwidert Nele.

»Worauf kommt es denn dann an?«, will Sylvia wissen.

»Dass man über alles reden kann. Sich gegenseitig verzeiht. Dass man immer da ist, wenn es der Freundin schlecht geht. Und dass man sich nicht verstellen muss. Ich darf sein, wie ich bin.«

»In allem hast du recht, Nele. Eine Freundschaft ist wie ein Netz, das uns auffängt, wenn wir mal die Balance verlieren.«

Nele nickt und stimmt zu.

»Mami war meine beste Freundin unter den Erwachsenen. Jetzt kann sie es nicht mehr sein.«

Ich zünde mir eine Zigarette an. Da wandelt sich plötzlich Neles Laune. »Karsten, du rauchst?« Ihre Miene verfinstert sich. »Rauchen ist ungesund, da wirst du schwer krank von.«

Ich versuche, meine Zigarette irgendwie zu verstecken, halte sie verborgen hinter meinem Rücken.

Nele gibt nicht auf: »Von dem Rauch kriegt man Krebs. Und daran kann man sterben. Das hat mir Mama erzählt.«

Ein entwaffnendes, schlagendes Argument. Verstohlen lasse ich meine Zigarette fallen und zertrete sie. Wir gehen lieber Eis essen und Milchshakes und Latte macchiato trinken. Mia streift Sylvia mit ihren kleinen Fingern sanft durchs Haar und betrachtet genau ihr Gesicht. Jede kleine Bewegung wird registriert und unter die Lupe genommen.

Nele indessen möchte geschminkt werden. »Aber nicht übertreiben«, mahnt sie. »Mattusch soll mich später noch erkennen!«

Sylvia trägt ihr Wimperntusche auf, pudert sie ab. Nele holt einen kleinen Klappspiegel aus ihrer neu erworbenen Tasche. Sie prüft das Ergebnis, staunt über ihr Spiegelbild und ist hochzufrieden. Zur Belohnung geben Nele und Mia Sylvia ein Küsschen auf die Wange.

Die Leute an den Nachbartischen sind neugierig. Sie sehen die Kameras, tuscheln, schauen verstohlen. Sie scheinen Sylvia zu erkennen, können die Konstellation mit den beiden kleinen Mädchen jedoch nicht einordnen. »Klatsch ist Kosmetik für die Seele«, sagte mal ein schlauer Kopf. Wir schmunzeln.

Es ist später Nachmittag geworden. Nele und Mia packen ihre Rucksäcke, Sylvia und ich verstauen die Einkaufsbeutel in den Kofferraum.

Als wir Richtung Röcken fahren, schaut Nele vom Rücksitz nach vorn und flüstert: »Es war ein sehr schöner Tag.« Um dann einzuschränken: »Aber nicht jeder Tag ist schön. Der 7. Mai zum Beispiel war kein schöner Tag.«

Dieser verdammte Tag, als ihre Mama starb.

Nachwort

Meine liebe Andrea,
welche Form soll ich wählen für dieses Nachwort? Ich schreibe dir meine Gedanken als Brief. Natürlich. Denn alles war deine Idee.

Wenn der Tag geht und die Dämmerung einsetzt, die berühmte blaue Stunde, dann denke ich oft an dich. An dein verschmitztes Lachen, als wir uns kennenlernten, uns zum ersten Mal gegenüberstanden. An Momente, in denen du niedergeschlagen wirktest. Du nanntest es deine schwarze Wolke, in die du regelmäßig versunken bist.

Du warst nie unzufrieden, du warst höchstens enttäuscht.

»Das Leben ist nicht fair«, hast du festgestellt. »Und Unfairness habe ich nicht auf meinem Zettel gehabt.«

Eigentlich, erinnere ich mich, habe ich dich niemals richtig weinen gesehen. Du hast dich immer wieder selbst gefangen, indem du dich zur Seite wendetest, wenn deine Augen feucht wurden. Du hast dich für Gefühlsausbrüche fast geschämt. Du hast dich niemals gehen lassen.

Wenn im Sommer die Schmetterlinge unterwegs sind, sehe ich dein Halstuch mit den Schmetterlingsmotiven vor mir. Du hast es oft und gern getragen.

»Das Leben allein genügt nicht«, sagte mal ein großer Dichter. Als Schmetterling brauchst du Sonnenschein, Freiheit und eine kleine Blume. Du trägst den Sonnenschein in deinem Gemüt, hast die Freiheit bis zum letzten Atemzug ausgekostet und du besitzt gleich zwei kleine Blumen: deine beiden Töchter. Ich erlebte, wie du dich als Schmetterling aus dem Kokon des Leids befreitest und deine Reise ins Licht antratst. Ich stand dabei und habe dich dafür bewundert.

Gemeinsam mit deinen Töchtern hast du eure Hand- und Fußabdrücke in bunte Farbtöpfe getaucht. Du hast dazu die Kinderzimmer in Ateliers verwandelt. Der Künstler warst du, eine Lebenskünstlerin sowieso. »Meine eigene Unvollkommenheit als Quelle der Kreativität nutzen« – darunter verstandst du Lebenskunst.

Deine Spuren sind geblieben, weil du nach deinem Gefühl gehandelt hast: »Ich muss eigene Ideen umsetzen. Wenn ich in die Fußstapfen eines anderen trete, kann ich keine eigenständigen Spuren hinterlassen.« So simpel sahst du das. Oft ist das Einfache auch das Richtige. Nur deshalb bleiben deine Briefe und der Song, der deinen Namen trägt.

Du sagtest auch: »Im Leben folgt jeder einer Straße. Niemand weiß, wann und wie sie enden wird. Ich hingegen kenne das Ende meiner Straße, ich weiß, dass sie zur Sackgasse wird. Sie führt steil bergauf, ist aus diesem Grund nur mühsam zu begehen und ein Umdrehen kommt nicht in

Frage. Mir bleibt nur, einen Fuß vor den anderen zu setzen. Ganz sachte und langsam, um Zeit und Kraft zu sparen.«

Es gibt Menschen, die bleiben für eine kurze Zeit im Gedächtnis. Und es gibt Menschen, liebe Andrea, die so sind wie du: Die bleiben für alle Ewigkeit, weil sie nicht durch das großmaschige Netz der Erinnerungen fallen. Die wissen, dass ihre Kinder viel zu schnell groß werden. Dass die Zeit verrennt. Dass nur wenig Zeit bleibt, um sie auf ihre Zukunft vorzubereiten.

Bei dir, liebe Andrea, spielte die Zeit eine wichtige Rolle. Sie lief dir unbarmherzig davon. Der Eindruck entstand: Manches, was du deinen Töchtern noch sagen wolltest, schien auf der Strecke zu bleiben. Deine großen und kleinen Erinnerungen, deine Gefühle, deine Ratschläge und Fingerzeige, deine helfenden Anregungen und guten Wünsche für die Zukunft. Dich plagte immer die Angst, nicht vor deiner Zeit fertig zu werden. Du warst ruhelos und getrieben bis zu jenem Moment, der dich auf ewig ausruhen ließ. Mit den Briefen an deine Töchter, die sie jedes Jahr zu ihrem Geburtstag erhalten. Noch fünfzehn Jahre lang. Ein grandioses Ritual, ein Weiterleben auf deine Art. Du hast die Zeit in die Länge gezogen, dem Schicksal die Stirn geboten, deiner Fügung ein Schnippchen geschlagen. Du hast deine Prognose um geschlagene drei Jahre verlängert.

»Das Leben ist doch ganz einfach«, hast du philosophiert. »Leistest du dem Leben Widerstand, dann wird es härter.« Dein Leben wurde hart und härter. Was ich dir noch sagen wollte: Niemals hast du nach Schuldigen für deinen Krebs gesucht. »Warum soll ich mich mit der Suche nach Schuld aufreiben?«, hast du gefragt. »Wenn ich schwach bin, sind es andere auch. Und genau das macht uns zusammen stark.«

Immer hast du dich bedankt. Deine Freunde konnten es manchmal nicht mehr hören. Aber dein Anstand, dein unbändiger Stolz haben dich nicht einsam gemacht. Macht Krebs nicht einsam? Du lachtest lauthals über diese Frage.

Du hast dein viel zu kurzes Leben gefeiert. Du hast das Glück gefeiert. Du hast dir all die Farben zurückgewünscht, als sie verlustig gingen. Du hast dich aufgeregt, als zuerst keiner bemerken wollte, wie tief du im Schnee versunken warst. Als du das Gefühl hattest, das dir nichts mehr gelingt.

Du mochtest die Songs von Rosenstolz. Während deiner Zeit auf dem Gymnasium hast du ihre Lieder rauf und runter gehört. Als sie sich auflösten, hast du geweint.

Hinfallen und wieder aufstehen, stolpern und sich wieder aufraffen, alles hinter sich lassen und noch mal von vorne anfangen – das ist das Rosenstolz-Manifest. »Bitte, lass es Liebe sein!« Du hast es verinnerlicht. Es ist dein Kämpfer-Manifest. In deinen Briefen an deine Mädels, die aus dem Himmel kommen. Du hast dich nicht sang- und klanglos davongemacht, nicht innerlich verabschiedet, als es schwierig wurde. Du hast gelernt, alles auszuhalten. Die Schmerzen, das Mitleid, seltsame Blicke, deine schwere Krankheit als ständigen Schatten und Begleiter. Der Krebs zwang dich am Ende in den Rollstuhl. Aufgegeben hast du nicht.

Ich sehe uns an deinem gemütlichen Küchentisch sitzen. Du redest, ich notiere. Wir haben uns dort angenähert. Vierzehn Monate sind für mich keine lange Zeit, für dich waren sie eine Ewigkeit. Deine vielen klugen Sätze. »Das einzig Wichtige im Leben sind die Spuren von Liebe, die wir hinterlassen, wenn wir gehen.«

Deine Töchter dürfen gespannt sein auf deine Zeilen, die ihnen in den kommenden Jahren zugestellt werden. Auf ihrem Weg zum Erwachsenwerden werden sie deine weisen Worte lesen. »In diesem Augenblick und jetzt sind jene guten alten Zeiten, nach denen wir uns in zehn Jahren zurücksehnen.«

In acht Jahren wird Nele achtzehn und erwachsen sein. Sie wird vielleicht einen Freund haben, vielleicht wird sie beginnen zu studieren, wie sie es sich wünscht. Mia ist dann in der Pubertät, wird die Welt verstehen lernen und mit anderen Augen sehen.

Deine lieben Zeilen werden den beiden Mut und Zuversicht geben, ihr eigenes Leben besser zu verstehen. Sie werden nicht aus allen Wolken fallen, wenn sich Pläne durchkreuzen. Sie kennen den Spruch aus deinen Briefen: »Der Mensch plant und das Schicksal lacht.«

Deine Töchter wissen, wie es sich anfühlt, wenn der Vorhang zu früh fällt. Sie haben gelernt zu kämpfen und stark zu sein.

Liebe Andrea,
es lebe dein Vermächtnis.
Es leben deine ehrlichen Briefe.
Von ganz oben, vom Himmel herab.

Impressum

Karsten Kehr
Andrea – Briefe aus dem Himmel
Eine Mutter nimmt Abschied von ihren Kindern
ISBN: 978-3-95910-159-2

Eden Books
Ein Verlag der Edel Germany GmbH

www.edenbooks.de | www.facebook.com/EdenBooksBerlin | www.edel.com
1. Auflage 2018

Einige der Personen im Text sind aus Gründen des Persönlichkeitsschutzes anonymisiert.

Projektkoordination: Nina Schumacher
Lektorat: Palma Müller-Scherf
Umschlaggestaltung: Rosanna Motz
Umschlagillustrationen: © Yulia Grigoryeva/Shutterstock.com
Coverfoto: © privat
Autorenporträt: © Karsten Kehr
Layout und Satz: Datagrafix GmbH, Berlin | www.datagrafix.com
Druck und Bindung: optimal media GmbH, Glienholzweg 7, 17207 Röbel/Müritz

Das FSC®-zertifizierte Papier *Super Snowbright* für dieses Buch lieferte Hellefoss Paper AS, Norwegen

Printed in Germany

Dieses Buch ist auch als E-Book erhältlich.

Um die kulturelle Vielfalt zu erhalten, gibt es in Deutschland und in Österreich die gesetzliche Buchpreisbindung. Für Sie, liebe Leserin und lieber Leser, bedeutet das, dass Ihr verlagsneues Buch jeweils überall dasselbe kostet, egal, ob Sie Ihre Bücher gern im Internet, in einer großen Buchhandlung oder beim kleinen Buchhändler um die Ecke kaufen.